우리 ◯
다시 √
건강해지려면 ◯

우리 ◯
다시 √
건강해지려면 ◯

정의로운 ◯
건강을 √ 위한 √
의료윤리학의 √
질문들 ◯

김준혁 ◯

반비

코로나19 이후를
윤리에 묻자

2022년 3월 6일 아침, 이제 막 초등학교에 들어간 딸이 다른 날과 다르게 크게 투정을 부렸다. 평소와 다른 모습에 이상하다는 생각이 들었지만, 크면서 나타나는 변화인가 보다 하며 무심코 넘겼다. 조금 있으니 아이 체온이 무섭게 오르기 시작했다. 40도를 넘어가기에 일단 해열제를 먹이고, 한편으로 올 게 왔구나 하는 생각을 하면서 코로나19(코로나바이러스감염증-19) 자가검사키트로 검사를 해봤다. 한 줄이 뚜렷해지고 시간이 조금 지난 후, 아주 희미하게 한 줄이 더 그어진 듯한 느낌이 들었다. 내가 환각을 보고 있는 건가 해도 이상하지 않을 정도의 아주 미세한 색깔 변화였다.

아이를 데리고 임시 선별진료소에 갔다. 자가검사키트를

들고 PCR 검사 여부를 문의했다. 오류 가능성이 있으니 여기에서 자가진단을 한 번 더 해보라는 이야기를 들었다. 간 김에 가족 모두 자가검사키트로 검사를 했다. 모두 음성이었다. 그렇다면 오히려 열이 오르는 게 문제가 아닌가. 아이가 많이 힘들어하진 않아서 일단 집으로 데리고 와서 쉬었다.

그다음 날은 월요일이었다. 다시 자가검사키트를 해보았다. 이번엔 'T' 쪽의 선이 조금 더 진해졌다. 아, 코로나19가 맞았구나. PCR 검사를 하는 근처 이비인후과에 가서 검사를 받았다. 이비인후과에서 고열, 기침, 가래로 일주일치 약을 지어 왔다. 다음 날, '확진'이라는 연락을 받았다.

'재택치료'라는 이상한 세계에 들어왔지만 아이에겐 다른 증상이 없었고, 확진 판정을 받은 날 체온도 정상이었다. 목이 살짝 부었을까 싶었지만 기침을 많이 하지도 않아서 아이를 특별히 관리할 필요는 없을 것 같았다. 보건소에서 한 통의 전화가 왔다. 아이는 일주일 격리 후 다시 일상생활로 돌아가면 되었다. 이제 부모가 문제였고 각자가 감염 관리를 해야 했다. 수요일이 되자 아내도 열이 올랐다. 확진.

여덟 살 아이와 아내를 돌보아야 하기에 생활공간을 분리할 수 없어 일주일 동안 하루에 수십, 수백 번씩 손을 씻고 노출 표면들을 닦았다. 빨래와 청소를 하고 음식을 따로 차렸다. 처음에는 차라리 나도 걸리는 게 맞지 않을까 생각하기도 했다. 하지만 첫날 발열 빼곤 아무 증상 없는 아이와 달리 발열, 기침, 인후통 등의 증상을 연달아 보이고 있는 아내를 돌보아야 했고, 아이의 격리가 해제되면 아내를 별도로 격리하고 내 업무와 아이 생활을 챙겨야 했다. 나는 어떻게든 걸려선 안 되었다. 그러나 진료하면서 감염 관리가 몸에 익었다고 해도 눈에 보이지 않는 바이러스를 다 막을 수 있을까. 가족이 다 나은 후에 걸리면 더 민폐 아닐까. 이런저런 생각이 머릿속을 시끄럽게 하는 와중에, 2020년부터 2022년까지 이 나라에 벌어진 이상한 사태를 다시 생각하게 되었다.

한국은 코로나19 대응에서 놀라운 역량을 발휘했다는 평가를 오랫동안 유지하다가 2022년 적극적 대응을 포기한 나라가 되었다. 한때 과학적 방역을 자랑하던 나라에서는 2022년 3월 현재 세계에서 가장 많은 일일 확진자가 발생하고 있다. 어떤 일이 벌어졌기에 이런 극적인 변화가 나타났는가? 많은 이들이 과학을 말하고, 또 다른 이들이 정치를 말한다. 하지만 어느 한쪽의 이유나 논리로 전체적인 변화를 다 설명할 수 없다. 복잡한 세상을 단 하나의 날카로운 화살로 전부 꿰뚫는 설명을 해내는 것은 얼토당토않은 일이다. 다만 우리가 지금까지 좋은 방향으로 나아갔는지, 옳은 선택을 해왔는지 따져볼 필요가 있다. 결과가 모든 것을 말하므로, 아직은 무언가를 평가할 상황이 아니라고 생각할 수도 있겠다. 꼭 그렇지는 않다. '좋음'과 '옳음'에 관한 학문인 윤리를 통해 살펴보는 것은 가능하니까.

　윤리는 어떤 학문일까? 선하게 사는 것, 누가 착한 사람인지 구분하는 것, 아니면 '전통'을 따르라는 것이 윤리와 도덕이 아니냐는 질문이 떠오를 것 같다. 답은? 그렇지 않다. 윤리는 선(善)과 정(正)에 관한 학문이다. 선택을 마주했을 때 어느 쪽을 선택하는 것이 좋은 것이며 옳은 것인지 따질 수 있도록 기준과 방향을 알려주고, 벌어진 일을 따져 이후에 더 나은 선택을 내릴 수 있도록 돕는 것이 윤리다. 어릴 적부터 익숙한, 한국에서 흔히 '윤리'라고 말하는 사회적 규범 체계는 여러 윤리의 체계와 방식 중 하나일 뿐이다.

　윤리로 과학의 하나인 의학에 관해 따져볼 수 있는가? 그렇다. 물론 나는 의학=과학이라는 등식에 불만이 많다. 의학은 의생명과학(biomedicine)의 지식을 활용하여 진단, 치료, 예방을 위해 노력하는 분야로, 많은 부분 사람을 대하고 사람 사이의 문제를 해결하는 일로 이루어져 있기에 수학, 과학과는 매우 다르다. 하지만 그런 '응용 학문의 특성'에 관한 왈가왈부를 제외하더라도, 의생명과학적 지식이 올바르게 활용되고 있는지를 따져 묻는 것은 얼마든지 가능하다. 더구나 2년 넘게 이어진 팬데믹을 거치며 우리는 이 문제가 과학의 일만이 아님을 여러 사안과 쟁점을 통해 확인했다. 백신, 치료제, 방역 패스가 그랬고, 격리와 사회 제도 운용이 그랬다. 또 팬데믹은 사회구조, 경제, 정치에 영향을 미치고 있으며 이후 세계를 엄청나게 바꾸어버렸다. 이 모든 것은 결코 과학만의 일이 아니다.

　나는 이 모든 일을 윤리의 눈으로 살펴봐야 한다고 생각한다. 의료 영역에 관한 논의니 그것을 의료윤리라고 불러도 좋겠다. 전통적인 의료윤리의 논의에 국한되지 않는 쟁점들이 더러 있지만 말이다. 이렇게 따져보는 것이 팬데믹으로 인한 사망자를 극적으로 줄이거나, 이후에 팬데믹이 다시 발생하지 않도록 막을 방법을 제공하는 것은 아니다. 우리가 어떤 노력을 하더라도 팬데믹은 다시 찾아올 것이다. 전 세계가 연결되어 있는 우리의 생활 조건을, 인간의 활동에 의한 급격한 기후 변화를 보건대 팬데믹이 다시 찾아오지 않으리라고 믿는 것은 헛된 희망일 뿐이다. 그렇기에 지금 필요한 것은 팬데믹으로 인한 여러 문제가 다시 벌어질 때, 옳은 선택을 내리기 위한 지침이다.

　윤리는 각자 알아서 상황을 헤쳐나가야 하는 지금 우리에게 그 무엇보다 중요하다. 일일 30만 명이 넘는 확진자 앞에서 정부가 관리를 포기한 것이 아니냐는 개탄의 소리가 일선 현장에서 나오는 상황이 계속된다면, 개개인이 어떻게 하는 것이 좋고 옳은 일인지를 따져보고 그에 따라 살아내야한다. 이런 일에서 우리는 오랫동안 법적 강제에 익숙했다. 일제강점기부터 보건의 문제는 국가의 시책이었으며, 그것은 독립 후에도 변하지 않았다. 헌법은 국가에 국민의 건강을 지킬 시혜적 의무를 부여했고, 정부는 건강 및 질병과 관련하여 어리석은 선택을 하는 백성들을 어여삐 여겨 몸소 챙겨왔다. 그러나 21세기에도 이런 정부 주도의 보건 모형이 통용될까? 오미크론 변이의 우세종화 이후 국면은 앞으로 벌어질 일을 분명히 보여주는 신호라고 나는 생각한다. 보건은 더는 국가만의 일이 아니며, 그럴 수도 없다. 우리는 우리의 건강을 스스로 증진해야 한다. 그러나 우리에게는 그렇게 해본 경험이 없다. 그렇다면 어떻게 해야 할까?

다시, 윤리에 묻자. 어떻게 하는 것이 모두에게 좋은 일인지, 갈등 상황에서 어떻게 하는 게 옳은지, 그래서 우리 모두 다시 건강해지려면 어떻게 해야 하는지 말이다.

K-방역에 질문하기

코로나19 팬데믹에 관한 이야기를 시작하면서 'K'라는 접두어를 빼놓을 수 있을까. K-팝을 필두로 우리 귀에 익숙해진 접두어 K는 2020년 하나의 정점을 맞았다. 그것은 국내 아이돌 그룹이 이룬 세계 시장에서의 성공뿐 아니라, 코로나19를 효과적으로 막아왔다는 'K-방역'에 의해 가능했다. 'K-방역이 최고'라거나 방역 측면에서 한국이 유럽의 여러 선진국을 넘어섰다는 말이 꾸준히 나왔다. 또한 K-방역이라 이름 붙은 방역 전략을 통해 팬데믹에 대응을 잘해서 다른 나라에 비해 확진자 수 증가를 효과적으로 차단했다는 것이 정부의 평가였다.

한국의 방역 전략은 '3T', 즉 검사·확진, 역학·추적, 격리·

치료(Test-Trace-Treat)의 3단계로 구성된 것으로, 2020년 6월에는 국제 표준화까지 추진되었다.[1] 3T 전략의 내용을 좀 더 구체적으로 살펴보면, 우선 대량의 검사를 빠르게 수행하여 확진자를 확인하고, 기존의 역학 조사에 전자 자료를 결합해 접촉자 확인을 발빠르게 진행한다. 이를 기반으로 확진자를 치료하고 접촉자는 자가 격리를 신속하게 수행한다. 이 신속함을 지원하는 것이 바로 기술이다. 실시간 역전사 중합효소 연쇄반응(Reverse Transcription Polymerase Chain Reaction, RT-PCR) 검사 키트를 대량으로 공급하여 감염 의심자 검사량을 늘리고, 확진자의 동선 추적에 스마트폰 위치 정보와 신용카드 사용 기록을 사용하는 방법이 K-방역의 속도를 뒷받침했다.

K-방역에 대한 다른 평가

2020년 11월 24일 블룸버그가 발표한 '코로나바이러스 시대, 최고와 최악의 장소' 순위에서 한국은 최고의 장소 4위를 차지했다.[2] 이는 코로나19 대응 상태와 삶의 질에 각각 점수를 부여하고 전체를 평가해 매겨진 것으로, 한국은 백신 준비, 봉쇄(lockdown) 수준, 2020년 국내총생산(GDP) 증가율 전망 항목에서 점수를 깎였다. 이런 식의 자료를 제시한 것은 블룸버그가 유일하기도 했지만, 눈길을 끌었던 것은 한국의 봉쇄 수준에 대한 평가다. 2021, 2022년에는 대체로 사회적 거리두기 수준이 높았고 특히 2021년 7월부터 4개월간 거리두기 4단계가 유지되면서 많은 불만이 터져 나오기도 했지만, 2020년에는 상황이 달랐다. 한국은 방역 전략 덕에 다른 나라처럼 봉쇄에 들어가는 것을 피했다는 의견이 다수였다. 그런데 블룸버그가 발표한 자료는 2020년 한국의 봉쇄 수준이 다른 나라와 비교했을 때 결코 낮지 않았다고 말한다. K-방역이 생각보다 높은 수준의 물리적 방역 정책을 사용하고 있었다는 이야기다.

　이 점수는 여러 자료를 결합해 산출했는데, 그중 봉쇄 수준 항목은 영국 옥스퍼드 대학교가 내놓은 '코로나바이러스 정부 대응 추적' 결과를 가져왔다.[3] 이 자료는 각국의 코로나19 대응 정책을 평가하며, 학교 폐쇄, 직장 폐쇄, 행사 취소, 집합 제한, 대중교통 폐쇄, 자가 격리, 국내 이동 제한, 국제 여행 제한, 경제적 지원 등의 요소로 봉쇄 수준을 측정했다. 한국은 사회적 거리두기 수준을 변동시키면서 대응했고, 이 과정에서 학교·직장 폐쇄와 행사 취소, 집합 제한을 활용했다. 더 강한 봉쇄를 시행한 나라도 있는데 이 정도는 당연한 게 아니냐고 생각할 수 있지만, 그렇지 않았던 국가들도 있다. 그것이 옳은 방향이냐는 문제와는 별개로. 주목할 만한 점은 한국의 방역 전략에 대한 입장과 평가에 간극이 있다는 것이다.

우리는 코로나19 팬데믹을 지나오면서 '3T'를 통한 감염 의심자의 색출과 자가 격리에 집중하고, 모임 가능 인원을 2명까지 줄이는 등 사회적 거리두기 단계를 올리는 전략을 적용했다. 이런 전략의 효용성을 따지는 것은 여기에서 다룰 만한 주제는 아니다. 정말 효과가 있었는지부터 시작해, 효과를 보려면 방역 정책을 어떻게 시행해야 하는지와 같은 논의들이 2020년부터 2022년 현재까지 산발적으로 진행되었으나, 종합적인 논의를 하려면 아직 시간이 필요하다. 코로나19가 완전히 지나간 다음에야 객관적인 평가가 가능할 것이다. 지금 중요한 것은 'K-방역을 떠받치고 있는 주요 기술이 어떤 변화를 일으키는가?' 하는 질문이다. 그 답에 따라 K-방역의 지위가 변화할 것이다. 이 시기를 지나면서 우리가 어떻게 달라졌는가를 말하기 위해서도, 코로나19 팬데믹 극복을 위해서도 저 질문을 짚고 넘어가야 한다.

모든 검사는 오류를 내포한다

모든 의학적 검사는 완벽하지 않다. 의료 장비를 통한 검사 결과가 질병 유무와 동일하면 아무런 문제가 없을 것이다. 그러나 기술이나 장비에 따라 검출 능력에 차이가 있기는 하지만, 현존하는 모든 검사는 위양성과 위음성의 가능성이 있다. 양성은 검사에서 질병이 있는 것으로 나타났는데 실제로 질병이 있는 경우이고, 음성은 검사에서 질병이 없는 것으로 나타났는데 실제로 질병이 없는 경우를 말한다. 반면 위양성(false positive)은 검사 결과 양성인데 실제로는 질병이 없는 경우, 위음성(false negative)은 검사 결과는 음성인데 실제로는 질병이 있는 경우를 뜻한다. 검사란 보통 질병을 나타내는 생물학적 표지(biological marker)를 검출하는 것으로, 질병 검사 장비는 표지의 값에 따라 양성과 음성을 판정한다. 문제는 이 표지가 질병의 유무와 동일하지 않다는 것이다. 표지는 어떤 사람에겐 질병이 없는데도 발견될 수 있고, 어떤 사람에게서는 질병이 있는데도 발견되지 않을 수 있다. 또 표지의 양에도 차이가 있다. 여기가 위양성과 위음성의 자리다.

모든 검사는 위양성과 위음성 사이에서 적절히 타협한다. 검사 도구는 둘 중 한쪽에 강조점을 두어 설정값을 조정하기 때문이다. 질병이 있는 사람을 잘 찾아내는 도구가 동시에 질병이 없는 사람을 잘 찾아낼 수는 없는 것이다. 검사 도구의 기준을 위양성을 줄이는 쪽으로 조정하면 위음성이 많아지게 된다. 다시 말해 질병이 있는 사람을 최대한 골라내기 위해 표지값이 그렇게 높지 않아도 양성이라고 판정하도록 설정하면, 해당 검사 도구는 질병이 있는 사람을 잘 찾아내는 반면, 질병이 없는데도 질병이 있다고 판정하는 위양성 비율이 높아지게 된다. 반대의 경우도 마찬가지다. 질병이 없음을 확실히 하기 위한 기준값을 선택하면 질병이 있는데 음성으로 나오는 경우가 늘어난다. 기준이 되는 표지의 양을 어디로 정하느냐에 달려 있다.

코로나19 감염을 확인하는 PCR 검사는 코로나19 바이러스의 특정 유전자를 증폭한다. 코로나19 바이러스를 이루는 여러 유전자에서 E 유전자, N 유전자, RdRp 유전자를 주로 증폭하는데, 아직 감염 초기라서 바이러스의 양이 적거나 바이러스 유전자의 형태가 조금 다른 경우 유전자 증폭량이 부족하여 감염되었더라도 키트로는 확인할 수 없다. 반면 코로나19가 아닌 다른 바이러스에 감염된 상태이거나, 감염 후 회복하였으나 여전히 바이러스의 잔여물이 체내에 남아 있는 경우, 남은 유전자 조각이 검출되어 코로나19 바이러스 환자로 확인될 수도 있다.

이게 왜 문제인가? K-방역의 빠른 검사는 바꿔 말하면 더 많은 사람을 검사 대상자로 잡는다는 뜻이다. 속도는 좋지만, 검사 대상자가 늘어나면 위양성과 위음성 수도 늘어난다. 누군가는 실제로 감염되었으나 감염되지 않았다는 판정을 받고 안심해서 돌아다니고, 누군가는 실제 감염되지 않았음에도 감염되었다는 판정을 받고 격리 대상자가 된다. 이 숫자가 작을 때는 큰 문제가 되지 않지만, 숫자가 커지면 이

야기가 달라진다.

코로나19 자가검사키트는 검사소에 가야 하고 결과를 받기까지 시간이 걸리는 PCR 검사와 달리, 어디서든 신속하게 결과를 확인할 수 있다는 장점 때문에 2021년부터 가정이나 학교에서 주로 사용되어왔다. 최근에는 오미크론 확산에 따라 코로나19 방역 체계가 변경되면서 자가검사키트가 적극적으로 활용되고 있다. 검사 및 치료 체계의 가장 대표적인 변화 중 하나가 PCR 검사에 우선순위를 두어 고위험군 외 대상은 바로 PCR 검사를 받지 않고 자가검사키트나 신속항원검사를 먼저 활용하는 것이기 때문이다. 이런 검사 도구는 보통 민감도 90퍼센트, 특이도 99퍼센트를 보인다. 민감도가 90퍼센트라는 말은 해당 검사가 감염자 100명 중 90명에게 감염되었음을 알려준다는 의미다. 특이도가 99퍼센트라는 말은 검사가 비감염자 100명 중 99명에게 감염되지 않았음을 알려준다는 의미다. 즉 누락되는 사람들이 생긴다. 감염자 100명 중 10명은 실제로 바이러스에 감염되었지만 자가검사키트로는 잡히지 않는다(위음성). 비감염자 100명 중 1명은 실제로 감염되지 않았지만 자가검사키트로는 감염되었다고 나온다(위양성). 예컨대 자가검사키트로 100명을 검사하면 10명의 감염자를 놓친다. 10만 명을 검사하면, 1만 명을 놓치게 된다. PCR 검사라고 민감도, 특이도가 100퍼센트인 것은 아니다. 비인두도말(코에서 검체를 채취) PCR 검사의 경우 민감도 98퍼센트 이상, 특이도 100퍼센트다. 보수적으로 민감도를 99퍼센트로 잡는다 해도, 100명 중 한 명을 놓친다. 100만 명이 검사를 받으면, 1만 명이 누락된다.

여기에 문제를 더하는 것이 기술을 향한 과도한 신뢰다. K-방역의 이름이 높아질수록 사람들은 빠른 검사 결과에 더 많은 신뢰를 부여한다. 위양성과 위음성 판정은 그 안에서 더 늘어나고, 검사키트로 확인했다는 것만으로 사람들에게 부적절한 안심 또는 경계를 갖게 한다.

접촉자 추적 기술은 위험하다

디지털 기술로 인해 삶의 모든 측면과 활동을 데이터로 수집하고 파악할 수 있게 되었다. 코로나19 접촉자 추적 기술 역시 마찬가지다. 스마트폰 위치 정보로 사람이 많이 모인 장소, 이들의 이후 동선 등이 파악 가능하다. 확진자의 동선을 더 명확히 확인하기 위해 신용카드 사용 내역이나 CCTV를 조회하기도 한다. 정부는 코로나19 방역 정책의 핵심에는 디지털 기술이 있다고 주장해왔다. 팬데믹 이후 사람들의 일상 또한 디지털 기술의 뒷받침을 통해 유지될 수 있었다는 의견이 많다. 이런 사회가 누군가에게는 '멋진 신세계'일 수도 있지만, 바람직한가는 숙고해봐야 한다.

모든 첨단 기술이 그렇듯 디지털 기술을 통한 감시와 추적은 양날의 검이다. 코로나19 바이러스로부터 안전을 지키기 위한 정보 수집에 문제가 없다는 의견이 있는 한편, 그런 정보 수집이 부적절한 개인정보 침해라고 보는 견해도 있다. 이는 개인정보 용처의 적절성을 따지는 것이 아니다. 이전에는 개인정보를 침해할 수 있는 정보를 수집하려면 상당한 정도의 노력을 기울여야 했다. 예컨대 특정 개인의 의무기록을 알고자 한다고 가정해보자. 1970년대라면 환자를 진료한 의료인이 직접 노출하는 경우가 아닌 한, 직접 병원에 숨어들어 환자의 자료를 찾아 훔쳐내야 했다. 반면 지금은 개인정보를 침해할 수 있는 정보 수집에 그만큼의 노력이 들지 않는다. 1990년대 이후 병원에 전자의무기록 시스템이 도입되고 병원 기록이 모두 컴퓨터 데이터베이스에 저장되면서 환자의 의무기록을 검색하여 찾고 노출하는 일은 외려 더 쉬워졌다. 법이나 정책이 정보 열람을 허용하는가 확인이 필요할 뿐이다. 따라서 예전처럼 개인정보 수집은 적절한 용도로 사용된다면 허용할 수 있다는 생각만으로는 충분치 않다. 현재 수집되는 정보는 무조건 전용(轉用)될 수 있음을 상정해야 한다. 팬데믹 상황에서의 이동 경로를 비롯한 정보 수집이나, 바이오 빅데이터 구축 사업 등 정부 주도의 데이터 구축도 마찬가지다. 이때 정보 수집의 범위를 제한하거나 사용 후 바로 폐기하도록 강제해야만, 정보 수집이 개인 감시로 넘어가는 것을 막을 수 있다. 그러나 감염병 관리를 위한 정보 수집에 관해서는 이러한 관리, 감독이 정해져 있지 않다. 이에 대해 여러 차례 문제 제기가 되어왔으나, 정부도 정보 추가 활용 여부에 관한 방향을 결정하지 못한 것으로 보인다. 개인 보호를 위해 삭제할지, 감염병 관리를 위해 유지·활용할지 결정을 못 하다 보니 따로 감독에 대한 규정을 만들지 않았다고 해도 좋겠다.

2015년 메르스(MERS, 중동호흡기증후군) 사태를 겪으면서 정부는 '감염병의 예방 및 관리에 관한 법률(약칭 감염병예방법)'을 개정했다. 감염병예방법 제76조의2는 감염병 유행시 관련 정보를 확보할 필요가 있을 때 질병관리청장 및 시·도지사는 감염병 의심자의 정보 제공을 요청할 수 있도록 하며, 이것으로 수집 가능한 정보는 대상자의 주민등록번호를 포함한 인적정보와 진료기록부 등 병력정보, 이동 경로 파악을 위한 신용카드 등 사용명세, 교통카드 사용명세, 영상 정보 전부다.[4] 이것으로 정부는 감염병 의심자의 감염병 관련 정보를 모두 수집할 수 있다. 하지만 수집한 정보를 어떻게 처리하는지에 관한 규정은 없다. 감염병에 걸렸을 수도 있다는 의심이 개인의 수많은 정보를 취득할 수 있는 정당한 근거가 될 수 있고, 그 정보의 활용에 어떤 제한도 없다는 의미다.

동선 및 접촉자 추적과 관련해 코로나19 팬데믹은 국가 안보를 위한 노력이 보건의료의 영역으로 옮겨가고 있다는 점을 시사한다. 2020년 이후 종종 등장하는 "방역이 안보"
라는 표어는 감염병의 감시 및 관리 노력이 이제 안보의 차
원과 결합하고 있음을 방증한다.* 정부와 시민 모두 다시 찾
아올 감염병에 대비하는 '방역 안보'를 당연하게 받아들이는
셈이다. 방역 안보 체계를 구축하려면 개인의 정보를 수집하
고, 확보된 정보를 국가의 안전을 위해 최대한 활용해야 한
다. 정보의 관리 및 삭제에 관한 규약을 마련하는 것이 오히
려 다수의 이익 또는 안보를 위한 활용에 걸림돌이 될 수 있
다. 하지만 우리는 오랜 남북 대치 상황 속에서 '안보'라는 명
분이 어떤 괴물이 될 수 있는지, 어떻게 자유를 억압할 수 있
는지를 알고 있다. 안전뿐 아니라 프라이버시와 개인정보도
지켜져야 마땅하다면, 역학 조사 시 개인정보 수집 및 활용
의 최소화 방안과 관리 지침이 필요하다. 개인의 삶에 개입
할 수 있는, 국가에 부여된 강력한 힘의 남용을 막기 위해서
도 관리, 감독 장치는 필수적이다.

　2020년 초, 한국이 코로나19 확산에 기민하게 대응할

＊ 이를테면 2020년 7월 15일 국회 보건복지위원회 전체회의에서 당시 보건
　복지부 장관은 말한다. "코로나19의 완전한 종식을 위해 치료제, 백신 개발
　을 적극 지원하고, 진단 키트를 포함한 의료 기기 산업을 육성하여 방역 안
　보 확보는 물론 신성장 기반도 확충할 것이다."[5] 그 1년 뒤, 보건의료노조
　는 공공의료 확충을 위한 총파업을 예고하며 다음과 같이 외친다. "정부가
　노정 협의를 통해 현장 보건의료 노동자의 목소리를 듣고 모두가 안전한
　방역 안보 체계 구축에 나서야 한다."[6]

수 있었던 것은 메르스 경험의 덕이었다. 더 정확하게는, 메르스에 대응하기 위해 만든 제도가 작동하면서 초기 방어선을 상당히 탄탄하게 구축할 수 있었다. 그러나 메르스 대응과 코로나19 대응이 같을 수 없다. 국지적으로 소수의 환자만 감염되었고 비교적 단기간에 종결된 메르스와, 전국적으로 1500만 명이 넘는 확진자를 낳으며 3년째 계속되는 코로나19는 당연히 다르다. 대응 원칙도 다를 수밖에 없다. 게다가 코로나19 대응 원칙은 코로나19뿐 아니라 그다음에 우리를 찾아올 또 다른 감염병에 대한 초기 방어선 역할을 할 것이다. 우리는 코로나19 다음의 감염병을 위해 무엇을 남기고 있는가? 코로나19 대응 과정에서 만들어진 제도는 코로나19 이후의 공동체를 어떻게 바꿀 것인가? 이 논의를 팬데믹이 지나가버린 다음에 시작하면 너무 늦다.

2

마스크 쓰기라는
건강행동

　팬데믹 기간 우리에게 익숙해진 것 중 하나로 마스크 쓰기를 빼놓을 수 없다. 한국 사람들은 북미나 유럽 사람들에 비해 마스크 착용에 큰 거부감을 느끼지 않았던 것 같다. 2020년 중엽, 마스크 품귀 현상이 빚어져 한동안 정부가 마스크 수급을 조절하기까지 했으니 말이다. 팬데믹 이전 화두가 되었던 미세먼지 문제와도 연결해서 생각해봐야겠지만, 국가의 개입이 크지 않았음에도 팬데믹 초기에 마스크 착용이 사회적 규칙으로 자리 잡았다는 사실이 중요하다.

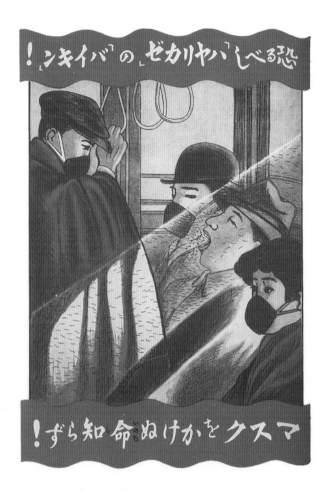

일명 '스페인독감'이 유행하던 시절 마스크 착용의 중요성을 강조하는 일본의 방역 포스터. 1918년, 전 세계에 유행한 스페인독감을 견디던 사람들에게도 마스크는 필수품이었다.

마스크에 대한 믿음보다 중요한 것

마스크 착용이 코로나19 예방에 효과가 있는 것은 분명하다.* 하지만 '마스크 착용이 효과적이다.'라는 말이 어떤 의미인지 따져볼 필요가 있다. 국내에 잘 알려지지 않은 마스크 착용에 관한 실험을 하나 소개하려 한다. 2020년 11월, 미국《내과학회 연보(*Annals of Internal Medicine*)》에 덴마크에서 시행된 실험 결과[1]가 게재되었다. 연구 참여자 6024명 중 3030명에게는 수술용 마스크를 보내면서 집 밖에서 타인과 있을 때 마스크 착용을 추천하고, 나머지 2994명은 아무런 개입도 하지 않는 대조군으로 설정한다. 이후 양쪽의 코로나19 감염률에 차이가 있는지 비교한다. 북유럽에서도 코로나19 확산이 본격화하던 2020년 4, 5월에 진행된 이 연구는 마스크 착용이 정말로 코로나19 감염을 막을 수 있는지를

---

* 아직 검증 과정을 완전히 거치지는 않았지만, 방글라데시에서 수행된 대규모 임상시험을 바탕으로 2021년 9월에 한 논문이 발표되었다.[2] 이 연구는 2020년 11월부터 2021년 4월까지 방글라데시 시골 지역의 600개 마을에서 34만 2183명의 성인을 대상으로 시행되었다. 사람들에게 마스크를 나눠주면서 착용법 홍보 등 마스크 착용률을 높이기 위한 캠페인을 병행했고, 마스크 착용이 코로나19 감염 가능성을 9퍼센트 줄인다는 결과가 나왔다(수술용 마스크는 11퍼센트, 천 마스크는 5퍼센트). 9퍼센트라는 수치가 생각보다 작다고 생각할 수 있지만, 마스크 착용이 코로나19 예방에 효과가 있는 것은 분명하다.

보여주는 자연실험*이다. 결과는 우리의 믿음과 상당히 다르다. "그다지 높지 않은 감염률, 어느 정도의 사회적 거리두기, 마스크 착용이 일반화되지 않은 지역사회에서 수술용 마스크 착용을 권고하는 것은 코로나19 감염률을 50퍼센트 이상 줄이지 못한다."[3] 마스크를 착용한 경우와 착용하지 않은 경우 사이에 50퍼센트 이상의 감염률 변화가 나타나지 않았다는 뜻이다. 수술용 마스크를 착용한 집단과 그렇지 않은 집단 사이에 유의한 차이가 나타나지 않은 것이다.

이 연구는 마스크에 대한 믿음을 좀 더 면밀하게 살펴볼 것을 권한다. 연구 결과를 확대해석해 마스크 착용이 코로나19 예방에 소용없다고 말한다면, 완전한 오독이다. 마스크 착용에 대한 인식이 낮았던 2020년 초반의 실험 참여자들이 얼마나 착실하게 마스크를 착용했을지 불확실하기 때문이다.[4] 이 실험은 사람들에게 마스크와 착용 안내문을 함께 나

* 일반적인 실험에서 연구자는 여러 변수를 인위적으로 통제해 그 결과를 관찰하고 인과관계 등을 밝히고자 한다. 그러나 자연실험은 연구자가 제어할 수 없는 요인의 영향을 관찰하여 보고하는 것이다. 예를 들어, 특정한 영화가 한 사람에게 미치는 영향을 검증하려면, 피험자를 모집해 영화 시청 시 나타나는 반응을 fMRI를 찍는 등의 방법으로 검토할 것이다. 그러나 오랫동안 방영된 텔레비전 프로그램이 사람들에게 미친 영향을 연구하고자 하면, 연구자는 이 프로그램을 본 사람과 보지 않은 사람을 모집해 비교하는 식으로 접근할 것이다. '오랫동안 방영된 텔레비전 프로그램을 시청했다.'라는 조건은 연구자가 직접 조작할 수 없으므로, 자연적으로 이미 주어진 결과를 관찰하는 자연실험이다.

뉘주었지만, 실제로 마스크를 제대로 착용하는지를 확인하지는 않았다. 따라서 이 실험 결과를 마스크 자체의 효과를 검증하는 것으로 읽어서는 안 된다. 이 실험이 역설하는 바는 마스크 만능론을 내세우는 식의 공중보건 접근이 갖는 한계와, 방역 대책을 향해 제기되어야 할 질문에 관한 것이다.

나는 여기에서 보건 문제에 대한 이념적 접근이 아니라 실천적 접근이 필요함을 생각한다. 믿음보다 실천이 중요하다. 코로나19 예방에서 중요한 것은 우리가 마스크를 어떻게 대할지 논의하고, 올바른 마스크 착용을 실천하는 것이다. 또는 코로나19 극복을 위한 주안점은 특정한 장소에 모일 수 있는 인원을 규정하는 '사회적 거리두기' 지침 자체가 아니라, 사회적 거리두기라는 정책을 통해 회식 문화나 모임 방식 등이 얼마나 변하느냐 하는 것이다. 또한 이런 문제의식은 건강의 개념을 둘러싼 문제로 연결된다.

건강행동은 건강의 구성 요소

우리는 오랫동안 결과로서의 건강과 그것을 성취하기 위한 행동을 분리해 생각해왔다. 건강이라 하면 일단 어떤 상태를 떠올리기 때문이다. 건강의 반대편에는 보통 질병이 놓인다. 건강의 가장 쉬운 정의 가운데 하나가 질병의 부재이며, 이런 인식은 상태로서의 건강을 당연시한다. 사람들은 행동을 통해 건강이라는 상태를 달성한다고 생각하지("우리 할머니는 산을 열심히 타서 건강해지셨어."), 행동 자체가 건강이라고 생각하지 않는다.("우리 할머니는 산을 타는 건강을 가지고 계셔.") 이런 건강 개념을 일상적인 예에 적용해보자. 몸에 좋은 식단을 유지하고 매일 꾸준히 운동하는 헬스 트레이너가 있다. 그는 건강하다. 그런데 만약 건강을 어떤 도달 가능한 상태로 정의하고, 운동이 그 상태에 도달하기 위한 주요한 방법이라면, 트레이너는 건강하므로 질병이 없어야 한다. 하지만 다치지 않고 아프지 않는 사람은 없다. 그렇다면 트레이너는 건강하지 않은 걸까? 나아가, 건강한 사람이 존재할 수는 있을까? 건강을 상태로 정의할 때 이런 문제가 발생한다. 하지만 행동이 곧 건강이라고 생각하면, 건강에 대한 접근 방식이 달라진다.

보통 나이가 들수록 몸 여기저기의 기능이 떨어진다고 생각하고 실제로도 그렇다. 청년과 노인을 비교하면 청년보다 노인의 신체 상태가 일반적으로 나쁘다고 말할 수 있을 것이다. 하지만 그러므로 노인은 무조건 건강이 나쁘다고 말하는 것은 어폐가 있다. 경험적으로도 맞지 않다. 건강하다고 할 수 있는 나이 든 사람은 많다. 그리고 '늙어서의 건강'은 그 사람의 신체적, 사회적 활동에 달려 있다. 청년기의 상태를 이상적인 기준으로 두어 노인은 건강하지 않다고 말하기보다, 노인이 참여하는 신체적 활동 및 사회 활동 자체를 건강이라고 말하는 편이 더 적절하지 않을까? 즉 건강을 구성하는 요소로 질병의 부재나 정상 측정치(혈압, 혈당, 체질량지수 등)를 따질 것이 아니라, 그 구성 요소에 건강행동(health behavior)을 수행하고 있는지를 포함하는 관점이 필요하다. 앞서 소개한 연구 결과가 시사하는 바도 이와 같다. 이런 결론은 평소 별로 중요하지 않아 보이지만, 팬데믹 상황에선 의외로 중요해진다.

건강의 정의를 둘러싼 문제들

건강의 반대로 여겨지는 질병을 생각해보자. 질병을 결정하는 요인은 무엇일까? 영국의 역학 및 공중보건학 연구자인 마이클 마멋(Michael Mamot)은 1980년대에 진행한 '화이트홀 연구'로 유명하다. 1978년부터 1984년까지 '화이트홀(영국 정부의 별칭)'에서 근무하는 공무원 1만 7530명의 사망률을 연구한 결과, 직급이 낮을수록 질병 발생률과 사망률이 높아지는 것으로 나타났다. 이런 결과는 그 당시의 직관에 반하는 것이었다. 직급이 높을수록 업무 강도나 스트레스가 높고, 이런 요인이 심장질환의 주원인일 것이라는 당시 통념과 달리, 직급이 높을수록 심장질환으로 사망하는 사람이 줄어들었다. 심지어 비만, 흡연율, 운동 부족 등 생활 습관과 관련된 위험인자를 참작해 계산하더라도 직급이 낮은 집단의 심장질환으로 인한 사망률이 높은 직급에서보다 더 높게 나왔다.*

이렇듯 유전자나 세균 같은 생물학적 요인뿐 아니라, 개인 및 집단을 둘러싼 경제적, 사회적, 문화적 환경도 질병 발생에 영향을 미친다. 이것을 건강의 사회적 결정요인(social determinants of health)이라고 부른다. 이후 여러 연구가 그 관계를 확증했고, 우리는 이제 건강과 질병이 사회의 직접적인 영향을 받는다고 생각한다. 마멋 교수는 저서 『건강 격차』에서 병이 생긴 다음에 치료하는 지금의 의학이 실패라고까지 말한다. 그동안 소 잃고 외양간 고치던 의학의 한계를 날카롭게 지적하는 비판이지만, 이런 주장에서도 건강과 질병은 여전히 고정된 실체로 남아 있다. 사회, 경제, 환경은 건강에 영향을 미치는 조건이라고 인식할 뿐, 이런 조건이 곧 건강을 직접 결정하는 요소, 또는 건강 자체의 구성 요소라고 여기지 않는 것이다. 그렇다면 사회적 조건이나 환경이 아무리 중요하다고 해도 그것은 부차적일 수밖에 없다.

환경에 따라 그 안에서 생활하는 개인의 신체 조건이 규

---

* 물론 생활 습관과 관계된 요인이 심장질환에 영향을 주지 않는다는 의미가 아니다. 이 사례는 직급 그 자체도 개인의 심장질환 발생 가능성에 영향을 준다는 것을 보여준다.

정된다. 건강이 개인의 생리학적 조건에 따른다면 환경의 차이는 개인의 건강 수준을 정한다. 쉽게 말해, 개인의 건강은 그의 생물학적 조건과 (사회를 포함한) 환경적 조건의 총합으로 결정된다. 그러나 사람들은 이런 외부의 환경적, 생활적 요인을 건강과 분리해서 생각하며, 환경이 개인의 생물학적 조건에 아무리 악영향을 미친다 해도 건강은 그런 환경과 분리된 초월적 상태로 정의 내려진다. 또는 사회, 경제, 환경과 별도로 개인이 도달할 수 있는 어떤 이상적인 건강 수준이 있다고 믿는다. 더구나 사람들은 건강을 말할 때 어떤 상태를 떠올린다. 쉽게 지치지 않고 무엇이든 할 수 있을 것 같은 희망을 가득 품고 있는 청년기 최고의 상태를 건강이라고 놓거나, 앞서 말한 것처럼 질병이나 불편이 없어 몸에 별다른 신경을 쓰지 않아도 되는 상태를 건강이라고 설정한다. 그렇다면 건강을 위한 노력은 이런 상태를 달성하기 위한 개인 또는 사회의 여러 시도로 정의되고, 보통 실패한다.(어떻게 해도 스무 살 청년의 상태로 돌아갈 수는 없지 않은가.) 이런 정의를 건강의 이상적인 (또는 생물학적인) 정의라고 하자. 실제로 세계보건기구(WHO)는 "신체적, 정신적, 사회적으로 완전한 안녕 상태이며 질병이나 허약의 결핍을 넘어선다."[5]라는, 1946년에 내린 건강에 대한 정의를 유지하고 있다. 완전한 안녕 상태(a state of complete well-being)는 이상적인 목표로 기능하고, 이를 추구하는 다양한 노력을 긍정한다는 점에서 가치를 지닌다. 그러나 개인 차원에서 이런 건강에 관한 생각은 허황한 것이라는 의심을 지우기 어렵다. 건강을 그렇게 정의할 때 우리는 모두 건강하지 않다. 지구상의 그 누구도 신체적·정신적·사회적으로 완전한 안녕을 얻을 수는 없다.

건강은 상태가 아니라 행동 자체다

건강을 꼭 이상적인 최상의 상태로 정의하지 않더라도 특정 상태로 정의하는 한 계속 어긋나는 지점이 생긴다. 이를테면 건강을 그저 '질병이 없는 상태'로 정의해도 문제는 남는다. 신생아는 질병이 없는 상태라고 해도 건강하다고 하긴 어렵다. 외부의 위협에 매우 취약한 상태로 상당한 수준의 보호가 필요하기 때문이다. 이 문제는 노인에게서 더 복잡해진다. 당장 질병이 없는 노인을 모두 건강하다고 말한다면 노인 보건복지를 위한 노력의 상당 부분을 그만두어야 할 것이고, 노인층은 곧 여러 질병에 시달리게 될 것이다. 장애인의 경우, 특히 선천적인 장애를 가지고 태어난 사람은 태어날 때부터 언제나 건강하지 못한 상태로 정의되어버린다. 그러나 패럴림픽에 참가하는 하반신 마비 마라톤 선수는 매일 오랜 시간을 책상 앞에만 앉아 있는 나보다 높은 확률로 더 건강할 것이다. 건강을 완전한 안녕 상태로 정의하면, 거의 모든 사람이 건강하지 않게 된다. 건강하지 않은 게 대수냐고 할 수 있겠으나, 우리는 사회적으로 건강하지 않은 이에게 자원을 투입하고 개입해야 한다고 믿는데, 모든 사람에게 보건의료적 도움을 제공하기는 현실적으로 불가능하다.

이런 관찰에서 건강에 다르게 접근할 실마리를 얻는다. '외부의 위협에 대응 가능한가?'의 여부를 건강을 정의하는 준거로 삼는 것이다. 신생아나 노인의 경우, 그가 외부의 신체적, 정신적 위협에 대응하기 어렵다면 건강하지 않다고 말하는 것이 타당하다. 하반신 마비 마라톤 선수가 외부의 신체적, 정신적 위협에 상당히 잘 대응한다면, 그는 건강하다고 하지 못할 이유가 없다. 요컨대 위협에 대응하는 힘, 즉 적응과 극복의 능력이 중요하다. 나아가 이런 역량을 건강으로 정의하는 것은 충분히 가능하다.[6]

건강의 말뜻을 바꿔내는 과제가 중요한 것은, 그것이 건강을 받아들이는 방식과 추구하는 방식에 영향을 미치기 때문이다. 건강의 정의에 관한 변화는 개인 생활부터 국가의 보건 정책에까지 다양한 영향을 미치지만, 두 영역에서 나타날 수 있는 차이만 간략하게 짚어보자. 건강을 어떤 이상적인 상태로 여기는 경우, 국가는 보건 정책 측면에서 시민에게 특정한 건강 상태를 위해 정해진 행동 양식을 제시하고, 개인의 생활 방식에 개입하게 된다. 금주, 금연, 체조, 정해진 식단 등 군대 생활을 연상시키는 이런 개입의 목록은 건강

증진을 위해 얼마든지 정당화될 수 있다. 반면 건강이 적응 능력이라면 국가의 보건 정책은 개인이 현재 건강을 위해 기울이는 노력을 지원하는 방향으로 수립된다. 개인 차원에서는 어떨까? 예컨대 건강의 말뜻에 따라 노인의 건강을 다르게 바라보게 된다. 건강을 질병 없음과 같은 특정한 상태로 정의하면, 노인은 의료적 개입이 언제나 절실한 존재다. 하지만 건강을 개인의 적응력이라고 볼 때 노인도 충분히 건강하다고 말할 수 있다. 그에게 주어지는 환경의 도전에 대응하거나 어려움을 헤쳐나갈 적응력이 충분하다면, 분명 그럴 것이다. 반대로 그런 적응력을 보호하는 것이 노인의 건강을 지키는 길이 된다. 고령층은 이사를 가는 등 생활환경이 바뀌었을 때 신체적·정신적으로 위기를 겪게 되는데, 이들이 변화된 환경에 적응할 힘이 없기 때문이다. 그렇다면 다시 정책의 측면으로 넘어왔을 때, 보건의료의 주요한 방향은 노인에게 익숙하고 편안한 환경을 제공하는 쪽이 된다.

믿음과 행동 구분하기

마스크 착용은 코로나19와 관련해 무엇을 의미하는가? 2020년 코로나19 확산 국면에서 보건 당국은 사람들에게 특정한 믿음을 주입하려 노력했다. 마스크 착용이 코로나19 감염 가능성을 줄여준다는 것. 이것이 사실인지 증명하기는 불가능하다. 이를 증명하려면 마스크를 착용한 비확진자와 확진자를 같이 생활하게 하고 일주일 정도 추적관찰을 해야 하는데, 윤리적으로도 현실적으로도 가능하지 않기 때문이다. 따라서 마스크의 효과에 대한 믿음은 정황적 증거와 마스크의 효과에 대한 일반적인 검증(KF94 마스크가 비말을 얼마만큼 감소시키는가 등)에 의존해 있다.

이 믿음의 시비를 가르는 것이 문제가 아니다. 철저한 마스크 착용은 호흡기 감염 확산을 현저히 억제하는 효과가 있으며, 이는 역사적으로도 코로나19 확산 상황에서도 충분히 확인되었다. 물론 마스크가 완전한 해결책은 아니다. 한 사람의 감염 여부는 여러 요인으로 결정된다. 하지만 마스크 착용이 코로나19를 막을 수 있다는 사람들의 믿음이 형성될 때, 이런 의문이 제기되기도 한다. '모임에서 마스크를 착용했는데 왜 이렇게 확진자가 많이 나왔는가?'[7] 믿음이란 어떤 사실을 검증하지 않고 받아들이게 하고, 그로부터 특정한 행동 양식을 유발한다. 마스크 착용으로 코로나19를 막을 수 있다는(그러므로 마스크를 착용한 나는 안전하다는) 믿음은 사람들의 마스크 착용을 유도할 것이다. 그러나 이는 마스크 착용만 지키면 된다는 생각으로 이어져 오히려 위험을 증가시킬 수도 있다.[8] 마스크 착용은 방역의 끝이 아니라 시작일 뿐이기 때문이다.

그렇다면 어떤 접근 방식을 취해야 할까? 다른 접근법을 강구하려면, 마스크 착용, 약속 줄이기, 손 씻기와 같은 건강행동이 건강 자체의 중요한 구성 요소라는 인식이 요구된다고 나는 생각한다. 이런 행동들은 이제껏 건강에서 부수적인 요소로만 이해되어왔다. 기존의 이해는 앞서 살핀 것처럼 건강이 특정한 상태라는 인식에 기반한다. 그러나 건강이 적응과 극복의 능력이라면 코로나19에 대응하는 정책적 접근 자체가 달라진다. 화이트홀 연구에서 보았듯 관리직 또는 사무보조원이라는 직급 자체가 개인 건강의 직접적인 구성 요소이지 않을까, 직급이나 생활 습관, 환경 자체가 누군가의 건강이라고 말하는 것이 더 타당하지 않을까 하는 질문도 던져볼 수 있다.

SARS-CoV-2(제2형 중증급성호흡기증후군 코로나바이러스)라는 코로나19의 원인 바이러스가 있다. 이 바이러스는 확진자에게서 증식해 그의 비말을 통해 나에게 건너온다. 이것이 외부의 위협이다. 이 위협을 극복하기 위해 내가 할 수 있는 일에는 마스크 착용, 일정 정도 이상의 거리두기, 밀폐된 공간에서 타인 만나지 않기, 환기 등이 있다. 이런 행동들 각각은 외부의 위협에 적응하고 이를 이겨내기 위한 나를 구성하므로, 이런 행동과 절차를 얼마나 잘 수행하고 있는지 그 자체를 나의 '능력'이라고 말할 수 있다. 행동 수칙을 잘 지키는 능력이라고 이해하면 간단할 것 같다. 여기에서 한

걸음 더 나아가 외부에서 주어진 행동 양식에 순응하는 능력이 아니라, 나의 상태를 판단하고 필요한 것이 무엇인지 파악해 그에 맞게 행동하려는 의지를 '능력'으로 보는 것이다. 그리고 이런 능력을 곧 건강이라고 여길 수 있다.

코로나19 확산 국면에서 건강하다는 것은 필요시에 마스크를 얼마나 잘 착용하는지, 타인과의 관계를 어떻게 변화시키는지 등 한 사람이 자신을 위협하는 요소에 얼마나 잘 대응할 수 있는가로 정의된다. 누군가 이미 호흡기 질환이 있어 KF94 마스크 착용이 어렵다면, 그는 마스크 착용 외의 다른 방법으로 위협에 대응해야 한다. 이런 요소의 총합을 건강이라고 말할 때, 사람들에게 다른 메시지가 전달된다. 자신의 상황을 살피고, 여러 환경적 도전에 적응하고, 이를 극복하기 위한 다양한 노력을 기울일 때 그 사람은 건강하다. 코로나19 팬데믹 속에서 개인은 현재 상황을 극복하기 위한 여러 노력을 들여야 한다. 마스크 착용만을 강조하는 대신 더 다양한 건강행동과 건강의 구성 요소, 환경을 고려해 함께 노력할 때, 그것은 곧 개인과 사회의 건강을 함께 추구하는 방식이 된다.

더불어, 믿음의 역효과 중 하나는 믿음을 따르지 않는 사람들을 향한 혐오로 나타난다. 사람들은 마스크를 착용하지 않고, 사회적 거리두기를 하지 않는 이를 눈을 할기며 힐난한다. 누군가는 이런 압력이 사람들을 긍정적인 방향으로 유도할 수 있다고 생각하지만, 압력을 통한 행동 변화에 실제적인 효과가 있다는 증거가 없는 한(여러 행동경제학 연구는 페널티가 행동 변화에 큰 효과를 나타내지 않음을 보여준다.) 감정적인 대응을 거두어야 한다. 혐오는 긍정적인 변화를 가져오는 법이 없고 상처만 남긴다. 마스크를 착용하고 사회적 거리두기를 수행하는 이유가 건강의 실천이라고 말할 때, 발전적인 접근을 고안해낼 수 있으리라 생각한다.

환자에도
순서가 있는가

누구를 살릴 것인가

우리 몸의 거름망 역할을 하는 신장은 피에서 노폐물을 걸러 소변으로 배출하는 역할을 한다. 즉 신장이 제대로 기능하지 못하면 피에 노폐물이 쌓이고 이런 상태를 방치하면 사망에 이른다. 신장은 한번 망가지면 회복되지 않기 때문에, 신부전(kidney failure)이 있으면 최종적으로는 신장 이식을 받아야 하고 그 전까지는 혈액투석을 받는다. 지금은 보편화된 진료 중 하나이지만, 혈액투석의 역사는 그리 길지 않다. 처음 혈액투석기를 만든 사람은 네덜란드의 의사 빌럼 콜프(Wilem Johan Kolff)다. 세계대전이 한창이던 네덜란드 그로

닝언 대학교에서 콜프는 소시지 껍질, 주스 캔, 자동차 부품을 조합해 1943년 최초의 혈액투석기를 만들어냈다.

전후 혈액투석기는 전 세계로 퍼졌고, 신부전 환자를 치료하고자 하는 의욕은 드높았다. 장비가 빠르게 발전했지만, 장벽이 남아 있었다. 초기에는 투석 때마다 피를 뽑았다가 다시 넣기 위해 혈관에 직접 도관을 연결했는데, 그 과정에서 혈관이 파괴되어 투석을 몇 번 하고 나면 더는 도관을 연결할 혈관이 남아나질 않았다. 문제는 워싱턴 대학교의 벨딩 스크리브너(Belding H. Scribner)가 1960년 '스크리브너 단락(Scribner shunt)'을 개발하면서 해결되었다. 그는 환자의 동맥과 정맥 사이에 테플론 관을 설치하고, 관에 투석 바늘을 꽂아 투석이 여러 번 가능하도록 했다.

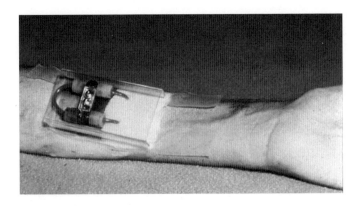

스크리브너 단락.

하지만 병원이 매우 비싼 혈액투석 장비를 들여오는 데한계가 있었다. 미국 시애틀의 경우 환자 50명당 투석 장비가 1개꼴이었다. 그렇다면 병원은 결정해야 했다. 50명의 환자 중 누구에게 혈액투석을 제공할 것인가? 그것은 어떤 목숨은 살리고, 나머지는 살리지 않겠다는 결정과도 같았다. 시애틀의 스웨덴병원은 투석 대상자를 결정하기 위해 변호사, 목사, 은행가, 가정주부, 주 공무원, 노동조합장, 외과 의사 7인으로 구성된 위원회를 조직했다. 이들은 환자의 성별, 나이, 가정, 수입, 정서적 안정성, 종교, 교육 수준 등을 환자 선택의 기준으로 삼았다.[1] 이후 이러한 위원회의 의사 결정과회의 과정이 섀너 알렉산더(Shana Alexander)라는 기자에 의해 폭로되었고, 위원회에는 '신 위원회(God Committee)'라는별명이 붙었다. 한편 이 위원회가 생명의 가치를 따지는 데활용한 나이, 성별, 직업 등의 기준은 여전히 적용되고 있기도 하다.

코로나19와 의료 자원 분배

한국은 오랫동안 의료 자원 분배 문제를 고민하지 않았다. 1970년대 이후 단일보험 체계가 정착하고 국가가 강력하게 의료수가를 통제하면서 기초적인 의료 서비스의 공급이 충분히 이뤄졌기 때문이다.* 그러던 중 최근에 소아 인공혈관 공급 중단 사태**와 같은 몇몇 사례가 경각심을 일깨웠고, 2020년 코로나19 사태를 겪으면서 한국 사회도 의료 자원 분배 문제를 피할 수 없음이 여실히 드러났다.

코로나19가 제기한 의료 서비스*** 분배 문제의 대표적인 사례로 입원 문제가 있다. 물론 한국은 병원의 발 빠른 대처와 물리적 조처(강화된 사회적 거리두기)로 상대적으로 심각한 사태를 겪진 않았다. 그러나 2020년 초반 대구에서 신천지교회를 중심으로 1차 대유행이 진행되었을 때, 한 고등학

* 이로 인해 한국 의료 제도는 세계에서 유례없는 방식으로 자리 잡았고, 따라서 한국의 의료 제도 또는 의료 서비스와 외국의 것은 단순 비교가 불가능하다.

** 소아 인공혈관을 만드는 고어 사가 한국에서 사업 철수를 선언하면서, 심장병을 앓는 아이들이 수술을 받기 어려워졌다. 의료보험공단은 치료 비용을 최대한 억제하여 한정된 재정 안에서 최대한 많은 사람이 서비스를 받을 수 있도록 노력하나, 과도한 비용 억제책에 반발한 회사들이 약재나 수술 재료 등의 공급을 중단하는 사태가 종종 발생한다.

***의료 서비스란 주로 의료인에 의해 개인에게 제공되는 진단, 검사, 치료 행위 등을 가리킨다. 한편, 의료 자원이란 의료적 목적을 위해 정부나 의료기관이 활용할 수 있는 인적, 물적 자원의 총체를 가리킨다. 이를 구분하는 것은 분배 담론에서 의료 자원 분배와 의료 서비스 분배를 구분해 살필 필요가 있기 때문이다. 전자는 주로 중환자실 침상처럼 희소한 물적 자원을 기준으로 그에 따르는 인적 서비스를 누구에게 먼저 제공할 것인지를 따진다. 반면 후자는 자원의 불충분보다 노동력이 중요하다. 코로나19 대응 상황에서 의료인이 다수 코로나19에 감염되어 의료 서비스를 제공할 수 없는 경우, 자원이 있다 해도 환자는 치료를 받기 어렵다.

생이 고열로 입원할 곳을 찾다가 결국 사망한 일이 있었다.[2] 코로나19가 아니었다면, 이 학생이 입원해서 적절한 치료를 받았다면 결과가 달라졌을까. 그러나 병원의 자원이 부족했다. 밀려드는 코로나19 확진자를 치료하느라 의료인도 시설도 부족했던 대구의 어느 날 밤, 학생은 병명을 알지도 못한 채 죽어갔다.

한참 수도권을 중심으로 코로나19 환자가 늘어나고 있던 2020년 말, 의정부의료원 호스피스 병동에 입원 중인 말기 암 환자 이송 계획이 세워졌다.[3] 당시는 신규 확진자 수가 1000명을 넘어가던 시점으로 병상 확보가 중요한 문제였고, 이를 위해 공공병원인 의정부의료원을 소개(疏開)하려 했던 것이다. 코로나19 환자 치료시설이 시급했기 때문에 소개 등 조정이 필요했던 것은 사실이다. 그러나 노령의 말기 암 환자와 코로나19 환자 중 후자의 관리가 더 중요하다는 결정은 타당한 것이었을까?

이런 판단에 대비되어 있지 않은 우리는 일단 대증적으로 사안을 처리했다. 결과적으로 고등학생은 사망했고, 의정부병원이 코로나19 전담병원으로 지정되어 호스피스 완화의료병동은 휴업에 들어갔다. 이것은 누구에게 얼마만큼의 의료 서비스를 제공할 것인가의 문제인데, 코로나19 환자의 치료가 우선시되면서 사망한 고등학생과 의정부병원 호스피스 환자들 모두 의료 서비스를 제공받지 못했다. 쉽게 말해, 치료 순위에서 밀려났다. 이들보다 코로나19 환자의 치료가 우선시되어야 한다면, 어떤 기준에서 그런 결정이 내려지는지 살펴봐야 한다.

의료는 특별한가

의료 서비스 또는 의과학 자체가 다른 재화나 서비스, 학문에 비해 더 특별하지는 않다. 그러나 다른 재화나 서비스를 대할 때와 달리, 의료에 가격이 정해져 있다는 사실, 금액에 따라 받을 수 있는 치료의 종류가 달라진다는 생각에 다수가 거부감을 표한다. 목숨이 걸려 있으니 당연하지 않냐고 반문할지 모르지만, 목숨과 직결되지 않는 많은 의료 서비스가 차등적으로 제공된다는 생각에도 불편해하긴 마찬가지다.

더욱이 목숨과 직결되는 특별한 의료, 공공재에 가까운 일부 의료와 그렇지 않은 나머지를 구분하는 기준은 (이전에도 상당히 자의적이었지만) 의학과 과학기술의 발전과 함께 점차 희미해지고 있다. 애플워치의 심전도 기능을 통해 심장마비를 피한 사람에게 애플워치는 단순한 손목시계가 아니라 생명을 구해준 의료의 일환이다. 이처럼 스마트 기기를 활용한 건강관리, 즉 모바일 헬스케어라는 표현이 최근 정착되었지만, 이것을 의료 서비스의 특정 영역으로 구분하기는 쉽지 않다. 이처럼 특별한 의료와 그렇지 않은 의료를 가르는 기준이 불분명하다면 모든 의료 서비스는 특별하지 않다고 말하는 편이 더 정확하다.

의료 서비스의 우선순위를 정하거나 비용에 따라 차등적인 의료 서비스가 제공되는 데 거부감을 느끼는 것은 의료 서비스 외에 관련된 다른 요소가 특별하기 때문일 것이다. 바로 건강이다. 건강은 개개인에게 특별하다. 흔히 세상 모든 것을 얻어도 건강을 잃으면 무슨 소용이냐고 말하듯, 건강이 개인의 삶에서 얼마나 중요한지 더 강조할 필요는 없겠다.

또한 건강은 개인이 목표를 추구하고 생활을 해나가는 데 기초가 된다. 우리가 삶에서 주어진 기회를 추구하기 위해 꼭 필요한 기본 조건이다. 그렇다면 건강은 사람으로서 기본적인 생활을 영위하기 위한 필수적 권리, 예컨대 자유나 인권과 같은 차원에 놓인다고 볼 수 있다. 이때 건강은 다른 권리와 같이, 공정성을 따져야 하는 인간의 기본 권리로 자리매김한다. 그리고 우리는 건강을 박탈당한 자에게 의료 서비스를 우선적으로 분배할 것을 공정의 이름으로 요구할 수 있다.

건강 불평등을 해소하는 방법

우리는 '기회는 공정해야 한다'고 생각한다. 이 말을 여러 의미로 해석할 수 있지만 보통 평가 방법 등 절차의 공정함과 출발선의 공정함 두 가지 측면에서 고민해볼 수 있다. 쉬운 예로, 여러 사람이 달리기 경주를 할 때, 이 경주가 공정해지려면 무엇이 필요할까? 일단 심판이 누군가에게 이로운 판정을 내리거나, 길이 어떤 사람에게 유리하면 안 될 것이다. 모든 사람의 결과가 같은 방식으로 측정되고 판정받아야 한다. 이것이 절차의 공정성이다.

이보다 더 높은 공정성의 기준을 요구하는 사람도 있다. 출발선도 같아야 한다는 것이다. 누구는 한참 뒤에서, 누구는 앞에서 출발하는 것이 공정하지 않다고 여긴다. 반대로 두 사람의 출발선이 달라야 할 때도 있다. 곡선 주로에서 경주를 한다면, 모두가 똑같은 위치에서 출발하는 것이 오히려 불공정하다. 길의 굴곡이나 경사, 바람의 세기 등이 각기 다른 길에서 달리는 경우에도 마찬가지다. 공정한 경주를 위해서 출발선 조정이 필요한지, 그렇다면 어떻게 조정할지 등의 문제가 정의론의 논점이다.

학교 시험이나 대입, 취직과 결혼, 승진, 내 집 마련 등의 삶의 단계와 과제를 경주에 비유해볼 수 있다. 어떤 경주는 공정하고, 어떤 경주는 불공정하다. 불공정한 경주에서 쟁취하는 승리가 때로 더 큰 성취감을 줄 수도 있지만, 우리는 (대학 입시나 취직처럼) 적어도 어떤 경주는 보다 더 공정해야 한다고 생각한다. 그리고 공정한 경주를 실현하는 데 건강도 영향을 미친다. 가령 몸이 아프면 대학 입시를 제대로 준비하기가 쉽지 않고, 때로 건강 때문에 입시를 포기해야 할 수도 있다. 이것이 그저 개인의 불운이라고 생각할지도 모르지만, 그 불운을 최소화해야 한다고 생각하는 사람들도 있다.

그 해결 방법은 건강을 회복하도록 지원하는 것이다. 적어도 시험을 준비하고 치르는 데 지장이 없는 수준에 이르도록 의료 서비스를 보장하면, 건강으로 인한 불평등을 어느 정도 해소할 수 있다. 이를 확대하면 다음과 같은 주장이 된다. 개인이 삶에서 누려야 할 기회를 공정하게 만들려면, 그 기반이 되는 건강 수준 또한 공정하게 분배되어야 한다. 여기에서 건강을 분배한다는 것은, 앞서 설명한 건강의 개념을 받아들여 개인의 행동이나 조건 자체가 건강이라는 접근 방식 위에서 기능한다. 누군가 더 열악한 생활 습관을 가질 수밖에 없을 때, 직급이 낮아 결정권을 충분히 누릴 수 없을 때, 기본 조건을 충족하지 못하는 환경에 거주할 때, 그의 건강은 나쁘다. 이때 건강을 분배하는 일은 그에게 생활 습관을 변경할 공간을, 결정권을 행사할 영역을, 기본 조건을 충족하는 환경을 제공하는 것이다.

이는 건강을 어떤 고정된 상태로 볼 때에는 이해하기 어려운 견해일 것이다. 건강이라는 개인의 특정 상태에 더 가깝게 도달한 사람에게서 더 멀리 있는 사람에게로 건강을 나누는 것은 불가능하기 때문이다. 건강을 고정된 상태 또는 통계적 수치로 보는 관점에서는 보건의료 서비스의 공정한 분배가 정의(justice)를 구현하는 방식이다.* 보건의료 서비스의 분배는 기본적으로 의료보험으로 구현되므로, 여기에서 중요한 것은 모든 사람이 의료보험에 가입할 수 있고, 보험이 중요한 보건의료 서비스를 모두 보장하며, 환자가 필요할 때 이런 서비스를 이용할 수 있도록 접근성을 확보하는 것이다. 또한 현재 보건의료 서비스의 상당한 결핍을 겪고 있는 사람들에게 우선적으로 서비스를 공급하도록 제도적으로 보장한다. 이는 보건학에서 말하는 건강 불평등 해소와 일치한다. 어떤 사람이 저소득층이라서 심혈관계 질환에 걸릴 위험이 높거나 우울증 등 정신적 어려움에 처할 가능성이 높거나 심지어 치아를 더 많이 상실한 경우, 이들에게 보건의료 서비스를 먼저 공급하는 것이다. 다른 모든 조건이 동일하고 단지 건강 수준이 다른 두 사람이 있을 때, 건강 문제로 한 사람의 기회가 제한된다면, 그의 건강 회복을 돕기 위한 서비스가 주어지는 것이 공정하다고 말할 수 있다.

그러나 건강을 행동이나 조건으로 본다면, 보건의료 서비스가 아닌 건강 자체의 분배뿐 아니라, '건강의 공정'이라는 표현도 가능해진다. 건강행동에 제약을 받는 이는 건강 불평등을 경험하는 것이며(헬스클럽에 갈 만큼의 경제적, 사회

* 의료정의론을 대표하는 노먼 대니얼스(Norman Daniels)가 정치철학자 존 롤스(John Rawls)의 정의론을 따라 펼친 이론이다.

적 여력이 없는 사람이나 수감 또는 격리 상태라서 신체 활동을 할 수 없는 사람을 예로 들 수 있다.), 따라서 그가 건강행동을 할 수 있는 여건을 마련하는 것이 공정하다고 말할 수 있기 때문이다. 더 나아가 건강이 중요한 이유가 그것이 곧 삶의 목적을 위한 제반 조건이기 때문이라면, 누군가 가치 있다고 여기는 삶을 뒷받침하기 때문이라면, 건강의 분배에서 중요한 것도 개인의 가치 추구다. 다시 말해, 건강의 공정을 말할 때 중요한 것은 건강의 상실이 개인의 가치 추구를 얼마나 박탈하는가 하는 것이다. 그러므로 누군가 건강을 잃음으로써 그의 가치 추구가 제한된다면, 그에게 의료 서비스가 주어져야 한다. 한편 건강을 잃어도 가치 추구가 제한되지 않는 사람도 있을 수 있다. 이때 지표나 수치 달성을 위한 보건 의료 서비스의 평등한 제공보다는 각자의 목표와 삶의 방향에 맞는 의료 자원의 제공이 공정한 것이라 말할 수 있다. 이렇듯 건강이 그 자체로 목적이 아니라 삶의 가치와 행복을 추구하기 위한 조건이라면, 그리하여 의학이 개인에게 삶의 가치를 확보하고 그에 따른 기회를 늘리기 위해 존재하는 것이라면, 우리는 삶의 가치와 기회를 보장하기 위한 의료 서비스의 공정한 제공 방식을 고민할 수 있다. 예컨대 나는 치료받을 수 있는 질병 때문에 학교에 들어가거나 직업을 구할 기회도 얻지 못하는 일은 방지해야 한다고 생각한다. 그러려면 개인에게 주어지는 권리로서 건강은 그 분배 과정에서 공정을 고려해야 하며, 적어도 개인의 건강 상태로 삶의 가치 추구를 제한받지는 않도록 할 필요가 있다.

나는 이 정도의 선에는 다수가 합의할 수 있다고 생각하지만, 그렇지 않은 사람들을 위해 건강의 분배와 공정을 말하는 입장을 다음 두 가지 주장과 비교해보려 한다. 먼저, 모두에게 같은 수준의 건강을 보장하도록 노력해야 한다는 주장, 즉 건강 형평성을 추구하는 입장이 있다. 이 견해는 오랫동안 국내 보건의료계에서 변화의 목소리를 외쳐왔던 사람들이 지향하는 바이기도 하다. 나는 이런 입장에 공감하지만 현실적이지는 않다고 생각한다. 우선 건강은 평등해질 수 없다. 건강 상태를 기준으로 하여 이를 평등하게 구현하려면 개인의 유전적 경향까지 동일하게 맞춰야 하는데, 이는 불가능할뿐더러 불필요하다. 가진 것이 부족한 사람을 지원하기보다 오히려 더 많이 가진 자를 제한하는 쪽으로 흐를 위험도 있다. 게다가 이런 접근 방식은 개인의 삶에 대한 상당한 간섭을 수반하기 때문에 가부장적이다. 예컨대 금주, 금연, 식이요법, 운동, 만성질환 관리를 위한 투약 등을 강제해야 한다. 이런 조치가 개인에게 결국 좋은 결과를 가져오긴 하겠지만, 개인을 과도하게 강제하고 자유를 침해한다는 사실을 부정할 수는 없다.

한편으로 출발선의 평등까지는 필요 없다고 생각하는 사람들도 있다. 건강은 우리가 지원하고 보상할 대상이 아니고, 그저 경주의 기회를 공정하게 보장하고 경주의 과정과 평가 방법이 편향되지만 않으면 된다고 생각하는 사람도 상당할 것이다. 이런 입장에 따르면 모두가 언제든 병원에 갈 수 있는 환경만 만들어놓으면 된다는 접근법을 택하게 될 텐데, 이 경우 오히려 다른 사회경제적 조건 때문에 의료 서비스를 받지 못하는 사람이 많다는 점을 간과하게 된다. 또한 하나의 의료 자원을 동시에 두 사람이 요구할 때 누구에게 우선 제공할 것인가의 문제에 답하지 못한다.

나는 건강과 의료에 관한 이런 사고방식을 팬데믹이라는 현실에 적용해볼 시점이라고 생각한다. 물론 현실은 이런 이론적인 정리보다 훨씬 복잡하고 수많은 사람의 이해관계가 얽혀 있기 때문에, 어떤 윤리적 결정과 권고는 단 하나의 법칙이나 원칙을 세우기보다는 여러 원칙을 함께 고려하는 방식으로 내려지곤 한다. 그러면 공정한 기회를 위한 건강의 보장 역시 다양한 원칙과 이해관계가 고려될 때, 하나의 최소 조건으로 역할을 할 수 있지 않을까?

지금 논의해야 할 것

모든 환자를 다 살피고 치료할 수 있으면 좋겠지만 어쩔 수 없는 선택을 내려야 하는 상황이 있다. 서두에서 언급했던 두 사안을 재고해보면, 나는 고등학생의 경우 그를 치료하기 위해 더 노력해야 했다고 생각하는 한편, 호스피스 병동 소개는 어쩔 수 없는 선택이었다고 본다. 물론 우리에겐 호스피스 환자를 마지막까지 정성을 다해 돌볼 의무가 있다. 그러나 코로나19 환자가 급격히 늘어나는 위기 상황이라는 전제 아래, 호스피스 병동을 코로나19 병동으로 전환하기 위한 병원 소개는 공정한 처사라고 말할 수 있다. 호스피스에 입원한 환자들은 말기 환자로서 이들에게 주어진 삶의 기회가 많지 않은 반면, 코로나19로 입원한 환자는 코로나19 감염이 아니었다면 더 많은 삶의 기회를 누릴 수 있기 때문이다. 단, 이것은 '일반' 호스피스 병동을 기준으로 한 이야기다. 논란이 되었던 공공병원 호스피스 병동은 입원 환자가 모두 사회적 최약자층이며, 다른 곳에서 호스피스 서비스를 받을 수 없는 경우가 대다수였다. 따라서 '말기 환자 대 코로나19 환자'라는 단순 비교로 논의할 수는 없는 문제다. 최약자층 말기 환자와 코로나19 환자 중에서 어느 쪽에 치료의 가중치를 두어야 할지는 더 깊은 논의가 필요하다.

한편 상태가 불확실하다는 이유로 적절한 조치를 받지 못하고 여러 병원을 돌다가 사망에 이른 고등학생의 경우에는 의료와 제도의 잘못이라고 말해야 한다. 그는 아직 코로나19 대응이 완비되지 못했다는 이유로 자신이 원래 누렸어야 할 의료 서비스의 기회를 박탈당했으며, 다른 코로나19

환자의 치료가 그에게 주어졌어야 할 기회에 우선한다고 보기 어렵기 때문이다.

이탈리아, 영국 등 유럽 국가들에서 코로나19 환자가 급격하게 늘어나던 2020년 초, 인공호흡기가 부족한 상황까지 벌어지면서 몇몇 국가들에서 75세 연령 제한을 둔 적이 있다.[4] 위중증 상태에 이른 75세 이상 코로나19 환자와 75세 이하 코로나19 환자 모두에게 인공호흡기가 필요할 시에, 정책적으로 우선 75세 이하인 치료 환자에게 인공호흡기를 배정하도록 했던 것이다. 이는 윤리 문제에 관한 공리주의적 접근에서 비롯된 결정으로 해석할 수 있는데, 치료의 이득은 결국 환자를 더 오래 살게 하는 것이니만큼 나이가 너 적은 환자를 치료하는 것이 중요하다고 보았다는 뜻이다. 이런 정책은 당사자가 아닌 다른 나라의 입장에서 문제적으로 보이기 마련이다. 75세가 넘었다고 무조건 인공호흡기를 배정받지 못하는 것은 노인 차별이 아닌가 하는 생각이 먼저 들기 쉽다. 이런 생각이 틀린 것은 아니다. 이후 나이를 기준으로 코로나19 치료의 우선권을 결정하는 방식을 비판하는 여러 논의가 발표되기도 했다. 나 또한 75세 또는 65세와 같이 나이를 기준으로 치료 우선권을 결정하는 것은 차별적인 태도로 볼 수 있다고 생각한다. 그러나 이탈리아나 영국에서 이런 정책이 문제없이 수행될 수 있었던 데에는 이미 이런 윤리적 기준에 관한 오랜 합의가 있었기 때문이다. 오히려 문제는 아직 아무런 사회적 합의도 이뤄지지 않은 우리의 현실 아닐까?

코로나19가 완전히 종식될 때까지, 또는 그 이후 다른 감염병이 들이닥칠 때에 우리는 높은 확률로 의료 서비스가 부족한 국면을 마주하게 될 것이다. 비록 일시적인 상황이라 해도, 어떤 환자를 먼저 치료해야 할지에 대한 고민과 선택을 피할 수는 없다. 그런 상황에서 주먹구구로 해결하지 않기 위해, 누군가 불공평한 대우를 받았다고 호소하는 일이 없기 위해, '누구를 먼저 치료할 것인가?'에 관한 논의를 해나가야 한다. 그리고 그런 선택 앞에서 우리는 공정해야 한다.

가족의 책임은
어디까지일까

코로나19 확진자를 돌봐야 하는 책임

2021년 11월 말, 코로나19 환자가 급증하고 환자를 입원 치료할 병상뿐 아니라 생활치료센터도 부족해지자 정부는 특단의 결정을 내렸다. 신규 확진자는 재택치료를 원칙으로, 입원 요인이 있거나 고시원 등 주거 환경이 감염에 취약한 경우에만 생활치료센터에 입소하거나 병상을 배정받도록 하는 '재택치료 기본화' 방침을 발표한 것이다.[1] 재택치료란 확진자가 집에서 격리 생활을 하며 일 2~3회 비대면 모니터링 받는 것을 기본으로, 필요시 비대면 진료 및 처방을 하는 것을 가리킨다. 그러나 보건소 등이 환자를 제대로 관리할 여력이 되지 않는 상태에서 '방치'에 가깝다는 비판이 제기되었다. 임신부, 장애인 등 코로나19 취약계층 지원 계획의 열악함, 가족 간 감염에 대한 대책 미비도 문제점으로 대두되었다.[2] 생활치료센터에 입실하면 그 기간이 입원 일수로 계산되어 보험금을 받을 수 있는 데 반해, 재택치료는 입원 보험금을 받는 것이 불가능해 형평성 논란까지 일었다.[3]

이런 상황을 이해할 만한 여지도 충분하다. 안 그래도 부족한 의료, 행정 인력으로 코로나19 검사와 방역 조치를 해야 하는 정부 기관은 재택치료까지 관리할 여력이 부족했다. 게다가 이런 식의 재택치료 확대 운영은 처음 겪는 일이니 물류나 통신 등에서 한계를 겪은 것도 무리는 아니었다.

하지만 다른 방법도 있었다. 예를 들어 일본은 도쿄 올림픽을 치르고 난 뒤 델타 변이가 확산하여 확진자가 1만 명을 넘나들던 시점에 호텔 등을 적극 활용했다.[4] 일본 정부는 여러 호텔 체인과 계약해, 코로나19 환자를 수용할 비즈니스 호텔 객실 6만 개를 확보했고, 간호사를 고용해 환자들의 상태를 확인했다. 좋은 사례가 있음에도 정부는 재택치료를 고집했고, 재택치료 중 사망자가 급증하는 안타까운 결과도 이어졌다.[5]

이처럼 정부가 재택치료를 고집했던 이유는 무엇이었을까? 정부의 결정에서 우리는 가족을 바라보는 한국 사회의 관점을 읽을 수 있다. 한국 사회의 뿌리 깊은 성장주의는 고도 성장기를 거치는 동안 여러 영역의 문제를 가정에 책임 지웠다. 비록 전국민 건강보험제도가 빠르게 도입되었으나, 그것은 노동자의 노동력 회복에만 초점을 맞출 뿐 '건강' 회복을 위한 돌봄에는 관심이 없었다. 돌봄은 오롯이 가정의 책임으로 남았다. 코로나19 확진자가 늘어나면서 시행된 재택치료 방침 역시 환자에 대한 돌봄의 부담을 가정에 돌린 것은 아닌지 검토해봐야 한다.

건강 문제를 가정에 귀속하라

인간의 노동력이 사회의 생산력을 구성하는 근대 사회에서는 노동 인구가 곧 국력으로 인식된다. 따라서 국가는 국력 강화를 위해 국민을 살리는 데 모든 노력을 기울인다. 이런 체제 아래에서 학문, 특히 의학은 환자의 필요 대신 노동력의 회복에만 집중하게 된다. 그 일단에 있는 것이 우리가 현재 경험하고 있는 한국의 '3분 진료'다. 병·의원에서 중요한 것은 환자가 아니라, 그의 신체 기능이 '정상적'으로 작동하는 것이다. 의료인은 빠르게 고장 난 신체를 고쳐 사회로 돌려보내는 역할을 담당한다.

이 틀은 가족에도 적용된다. 가족은 노동력을 재생산하는 기초 단위이며, 부모는 자녀가 노동자가 될 때까지 그를 돌보는 것을 의무로 진다. 부모는 자녀를 노동자로서 적절히 기능하도록 양육해야 할 책임이 있다. 이를테면, 부모는 아이에게 위생 관념을 가르쳐야 하는데, 위생 관념은 개인이 노동력을 유지할 수 있는 기본 바탕이 되기 때문이다. 아이가 이를 잘 닦지 못해 충치가 생기면 그것은 부모의 책임이다.

이런 국가주의적 노동관은 건강의 문제를 가정에 귀속시키는 한편, 국가에 보건의 책임을 지우는 역할도 한다. 현행 헌법 제36조 제3항은 "모든 국민은 보건에 관하여 국가의 보호를 받는다."[6]라고 명시하고 있으며, 이 위에 국가 주도의 보건의료 체계가 완성되었다. 여기에서 국가가 책임지는 생명의 양적 영역과, 가정이 책임지는 삶의 질적 영역이 분리된다. 양적 지표로서의 생명에 대한 책무, 그저 살리기만 하면 되는 의료의 책무는 현대 사회로 넘어오면서 점차 질적인 요구, 즉 더 좋은 삶을 위한 기반에 대한 요청으로 변화하게 되지만, 한국 의료 및 법 제도는 이에 대한 준비가 전혀 되어 있지 않았다. 살리는 데 필수적인 요소 이외의 것들은 자유주의 시장경제에 포섭되었고, 그 범위가 점차 넓어져 '살리는 데 필수적인' 의료를 넘어섰다.

개인적 책임만 다하면 건강해질까

어떤 일이 벌어지면 그것의 원인을 확인하고 싶어진다. 인과관계를 확인하고자 하는 본능은 영아 시기부터 나타나는 자연스러운 현상이다.[7] 그리고 우리는 단순한 언어로 원인을 표현하는 데 익숙하지만 어떤 사건이나 사태의 원인이 단일한 경우는 많지 않다. 하나의 현상을 둘러싼 여러 요인을 중요도에 따라 그 위계를 따져봐야 하는 일도 흔하다. 건강과 관련해서는 이런 접근 방식을 취하기 어려울 때가 많다. 예컨대 어떤 사람이 폐암에 걸렸다. 그는 흡연자다. 많은 사람은 담배 때문에 폐암에 걸렸다고 생각할 것이다. 하지만 그에겐 쌍둥이 형제가 있는데, 그는 평생 한 번도 담배를 피우지 않았지만 역시나 폐암에 걸렸다. 그렇다면 폐암의 원인은 담배라기보다 유전적 영향이 되는 걸까? 담배가 폐암의 발생 원인이라는 것이 역학적으로 증명되어 있지만, 그것은 담배를 피우면 폐암에 걸린다는 식의 단순한 인과관계는 아니다. 사태는 생각보다 훨씬 복잡하고, 유전적 요인부터 생활 습관, 사회경제적 조건, 문화, 환경까지 한 사람의 삶을 둘러싼 수많은 요인이 발병에 영향을 미칠 수 있다.

하지만 우리는 개인의 습관이나 특정한 활동 때문에, 개인이 충분한 주의를 기울이지 않아서 병에 걸린다고 흔히 생각한다. 이것을 질병의 '개인적 책임' 담론이라고 부른다.*
이 관점에서 질병의 원인은 모두 개인에게 돌아간다. 식습
관, 운동 습관, 흡연, 음주와 같은 요인을 생활 습관병(lifestyle
disease)의 원인으로 꼽는 논의는 그런 행동을 한 개인에게
책임을 부여하고자 하는 것이기도 하다. 개인적 책임을 강조
하는 관점은 흔히 보수적이라고 간주된다. 개인의 자유와 성
취를 중요하게 여기는 경향에서 충분히 이해할 수 있다. 하
지만 앞서 말했듯 단일한 원인으로 파악 가능한 사태나 사건
은 드물고, 특히 건강과 질병의 모든 책임을 개인에게 돌리
는 접근법은 그 자체로 문제를 내포하고 있다. 현실과는 무
관한 해결책을 내놓거나, 개인에게 책임을 돌려 오히려 문제
해결을 어렵게 만들기 때문이다.

　　한국 사회에는 이런 개인적 책임 담론이 상당한 영향력
을 발휘한다. 압축적인 근대화를 겪으면서 많은 역할과 책임
이 개인과 가정에 주어졌다. 대표적으로 돌봄과 양육을 꼽을
수 있다. 사회적 자원이 부족했던 시기, 국가는 돌봄과 양육
의 책임을 여성에게 지우는 성별분업 이데올로기를 구축했
고, 여성이 가사노동을 무임금으로 부담하게 했다. 이후 여성

---

*　반대편에는 질병의 '사회적 책임' 담론이 있다. 모든 질병을 사회적 구조나
　환경의 탓으로 해석하는 것이다. 후술하겠지만, 개인적 책임과 사회적 책
　임 담론 모두 문제를 지니고 있다. 둘 다 복합적인 문제를 단일한 원인으로
　환원하면서 현실과 멀어지게 된다.

의 사회 진출이 급격히 늘어났음에도 가치관과 이데올로기는 쉽게 변하지 않았다. 정상가족 이데올로기나 개인적 책임 담론 또한 마찬가지다.

개인적 책임 담론이 필요 없는 것은 물론 아니다. 분명 질병 발생에 크게 영향을 미치는 것 중 하나는 개인의 습관과 활동이다. 위험한 취미를 가지고 있는 사람은 그렇지 않은 사람에 비해 다칠 위험성이 훨씬 높다. 흡연자는 비흡연자에 비해 폐암 발병 확률이, 애주가는 비음주자에 비해 간암 발병 확률이 높다. 분명한 사실은 질병을 개인의 책임으로만 돌리는 사고방식은 해결책을 논의하는 데 걸림돌이 된다는 것이다.

개인 대 사회라는 이분법을 넘어서

지금 한국 사회에 필요한 것은 재택치료 같은 일이 가정의 책임이 아니라고 말하는 것이지 않을까? 가정이 구성원들의 건강에 책임이 없다고 말하는 것이 아니다. 개인의 책임을 부정하는 것도 아니다. 지금까지 방기되어온 사회적 책임을 강조할 필요가 있기 때문이다. 개인과 사회가 함께 건강을 회복할 방안을 찾기 위해서 말이다.

근본적으로는 보건의료 문제를 개인의 책임 대 사회의

책임이라는 이분법적인 논의로 몰고 가는 것 자체가 시대착오적이다. 당연하게도 건강은 개인과 사회가 함께 책임져야 할 문제다. 예컨대 재택치료 자체는 환자가 급증하는 상황에서 이상적인 방법일 수 있다. 단, 국가와 사회가 의료·행정적 지원의 책임을 다할 때에만 제대로 기능할 수 있다. 특히 감염병은 개인적 책임과 사회적 책임을 분리해 생각해선 안 된다는 것을 명확히 보여주는 사건이다. 우리는 질병의 원인을 하나의 책임으로 돌리는 데 익숙하다. 개인에게 책임을 묻는 자는 이렇게 말한다. 누군가의 간암은 그의 알코올 중독 때문이고, 누군가의 고혈압은 그의 식습관 때문이다. 사회에 책임을 묻는 자는 이렇게 말한다. 누군가의 간암은 B형 간염을 제대로 관리하지 않은 국가의 탓이다. 누군가의 고혈압은 사회적 스트레스 때문이다. 감염에도 비슷하게 접근할 수 있다. 개인의 부주의함을 문제 삼거나, 국가의 방역 대책 미비를 문제시하거나. 팬데믹 상황에서는 어느 한쪽이 답이 될 수 없다. 개인의 부주의로 인한 감염 확산이 사회를 위협하고, 사회의 감염 대응 역량 약화는 다시 개인의 생활을 위험에 빠뜨린다.

그러나 아직까지 개인의 건강과 사회의 건강을 종합적으로 생각하는 이론적, 담론적 틀이 부족하다. 이것은 임상의학은 환자에만, 보건학은 인구에만 집중하며 각각 개인의 원인과 사회의 원인만 탐색해왔기 때문이다. 두 학문 모두 인간과 질병을 연구함에도, 이론과 실천의 측면에서 두 영역 간에 다리가 놓이지 않았다. 오랫동안 분리되어 다뤄져온 두 영역은 쉽게 화해되지 않는다. 하지만 (포스트) 팬데믹 시대에 그 사이에 놓인 벽을 마주하고 해결하는 일은 당면 문제로 다가온다. (포스트) 팬데믹 시대, 우리에게는 개인과 사회 사이에 놓인 벽을 넘어 둘을 동시에 다룰 수 있는 사유가 필요해 보인다. 윤리적 언어로는 자율성과 공동선(common good)을 모두 추구하는 방식이라고 말할 수 있는데,* 이런 논의가 충분히 모색되었다고 말하기는 아직 이르다. 지금까지 논의는 개인의 자유와 사회 전체의 이득 중 하나만 추구하지 말고, 어느 쪽이 더 중요한지 경중을 가려 하나를 선택하자는 식으로 이루어져왔기 때문이다. 그러나 취사선택의 문제로 남겨두는 것을 해결이라고 말할 수 있을까. 개인이 어느 정도 자유를 누리면서도 사회 전체의 이득을 추구하는 방법을 찾아야 할 때라고 나는 믿는다. 행동경제학이 주장하는 넛지(nudge)를 건강 영역에 적용해보는 것이 하나의 예가 될 것 같다.** 물론 사람들에게 더 나은 선택지를 제시함으로써,

* 사회학자 아미타이 에치오니(Amitai Etzioni)를 중심으로 하는 반응적 공동체주의(responsive communitarianism)의 논의다.

** 『넛지』로 유명한 경제학자 리처드 탈러(Richard Thaler)와 법학자 캐스 선스타인(Cass Sunstein)은 사람들에게 더 좋은 선택지만 제시하는 것을 자유주의적 후견주의(libertarian paternalism)라고 명명한 바 있다. 누군가에게 더 좋은 선택을 대신 내려주는 후견주의와 개인이 자유롭게 선택할

또는 나쁜 선택지를 제시하지 않음으로써 모두의 건강한 선택을 유도하는 방식이 모두의 이득으로 이어질 수 있는지에 관해선 더 많은 연구가 필요하다. 그래도 탐구해볼 방안이 있다는 것만으로 힘이 나는 것 또한 사실이다.

수 있도록 하는 자유주의의 결합은 얼핏 모순되어 보이지만, 탈러와 선스타인은 좋은 선택지 중에서 하나를 선택하도록 만드는 것은 개인에게 자유를 허용하면서(선택 가능) 더 좋은 선택을 제공(대신 선택)하는 방식이라고 주장한다.

백신과 인권

2021년 2월부터 코로나19 백신 접종이 시작되었으나 접종 과정은 말도 많고 탈도 많았다. 백신이 초유의 관심사인 가운데 모두의 이해가 첨예하게 부딪혔다고 생각하는 것이 타당할 것 같다. 여당과 야당 간의 정치적 다툼이 큰 영향을 미쳤고, 집단주의와 개인주의, 합리주의와 비합리주의가 충돌하며 상당한 갈등을 빚었다. 이런 배경에서 백신 반대론 또는 백신 반대운동이 힘을 얻었고, 그와 함께 백신 수급에 대한 정부의 미온적 초기 대응을 질타하는 여론도 형성되었다. 게다가, 아스트라제네카-옥스퍼드 대학교가 개발한 백신의 희귀한 부작용으로 혈전증이 나타나면서 백신 접종과 확보를 둘러싼 논쟁의 양상은 더욱 복잡해졌다.

이런 상황에서 대량의 백신을 확보해두는 행위에 문제가 없는지에 대해서는 논의 자체가 이뤄지지 않았다. 한 국가의 백신 대량 확보에 의구심을 가져봐야 할 이유는 무엇일까? 저소득 국가에도 백신을 공평하게 배분하기 위한 UN 주도의 국제협력기구 코백스(COVID-19 Vaccines Global Access, COVAX)가 결성될 만큼 국가 간 백신 접종률 격차가 심각하기 때문이다. 코백스가 모든 백신 계약을 독점했다면, 2021년에 부각된 백신 편중 현상과 백신 국가주의, 즉 특정 국가가 필요량보다 훨씬 많은 백신을 계약하여 다른 국가의 기회를 빼앗는 일은 벌어지지 않았겠지만, 현실은 이런 가정과는 한참 달랐다.

건강권 대 백신 국가주의

국가 간 백신 분배 문제를 둘러싸고 백신 국가주의(vaccine nationalism)와 인권의 원칙이 대립하고 있다. 백신 국가주의는 어느 한 국가가 자국민을 보호하기 위해 백신을 다른 국가에 비해 많이 확보하는 행위를 일컫는다. 이것을 무조건 이기적인 행위라고만 할 수는 없다. 국가는 국민의 안전을 보장하고 보호할 의무를 지니기 때문이다. 우리나라 또한 헌법 제34조 제2항에 국가가 국민의 보건, 즉 건강 유지와 질병

예방을 추구할 의무를 지닌다는 것을 명시하고 있다. 자국민보다 타국민의 안전을 우선시하는 국가는 없다. 그렇다면 팬데믹하에서 국민을 보호하기 위한 특정 국가의 백신 확보 노력은 옹호될 여지가 있다.

이와 충돌하는 것은 보편적 인권 또는 건강권이다. 인권이란 인간의 존엄성에 기반하여 모든 사람에게 부여되고 항상 유지되는 당연한 권리다. 보건의료적 측면에서 이 인권 개념은 건강권, 즉 건강을 추구할 권리라는 의미로 해석된다. 이는 다시 포괄적인 건강할 권리와 보건의료 서비스를 받을 권리로 구분할 수 있다. 전자는 그것을 이상으로 설정하고 후자를 통해 확보하고자 노력함으로써 구현될 수 있다. 논의의 맥락에 맞게 정리해보자면, 인간은 적어도 최소한의 삶을 보장하는 보건의료 서비스를 받을 권리를 갖는다. 현실에서는 이 권리가 종종 실현되지 않기도 하지만, 보건의료 서비스를 받지 못하는 것은 결코 당연하지 않으므로 현실의 개선이 요구된다.

팬데믹하 최소한의 보건의료 서비스는 크게 두 가지로 나누어진다. 첫째, 상태가 심각해졌을 때 필요한 입원 치료. 둘째는 백신 접종이다. 셋째는 (아직 한계가 있다 해도) 치료제의 복용이다. 건강권이 보장되려면, 백신 분배 및 접종 역시 공공성, 불평등 완화 같은 인권의 원칙에 기반해야 한다. 모든 국가는 전 세계인이 백신을 접종받을 수 있도록 노력해야 하는 것이다. 더불어 의료 서비스 수준이 낮거나 공적인 의료 서비스가 제대로 작동하지 못하는 국가를 지원할 의무도 갖는다. 따라서 국가는 충돌하는 의무를 동시에 만족시켜야 하는 상황에 처한다. 자국민 보호라는 국내 차원의 의무와 전 세계인의 보편적 건강권 보장이라는 국제 차원의 의무가 대립할 때, 국가는 과연 어느 쪽을 따라야 할까?

의료윤리의 관점에서 이 문제를 고민해보자. 2020년 말, 카일 퍼거슨(Kyle Ferguson) 교수는 의료윤리학계에서 가장 유명한 학자 중 한 명인 아서 캐플런(Arthur Caplan)과 함께 백신 국가주의를 정당화하는 주장을 주요 저널에 실었다.[1] 논지의 핵심은 우리는 주변 사람들을 향한 특수 의무와 더 넓은 인간 집단을 향한 일반 의무를 지니며, 이 두 가지가 충돌할 때에는 특수 의무가 우선한다는 것이다. 예컨대, 아버지가 위험에 처한 낯선 타인보다 자기 자녀를 먼저 구했다고 비난할 사람은 없을 듯하다. 국가에도 마찬가지로 특수 의무(국민을 보호할 의무)와 일반 의무(보편 건강권에 기반을 둔 백신 확산 의무)가 주어지며, 이 중 특수 의무가 우선한다. 이에 따르면 백신을 더 많이 모으려는 특정 국가의 시도는 타당하다.

일견 그럴듯해 보이는 주장일 수 있으나, 이는 개인에게 적용되는 의무의 우선성을 국가에 섣불리 일반화했다는 한계를 지닌다. 설사 국가가 아버지와 비슷한 역할을 한다는 전제를 받아들인다고 해도, 국가와 아버지의 역할과 의무를 동일시할 수 없다. 이를테면, 아버지와 달리 국가는 국민을 처벌할 수 있다. 법이 처벌 범위를 제한한다고 하지만, 그 법을 정하는 것도 국가다. 국가에겐 더 큰 힘과 그에 상응하는 의무가 주어지므로 아버지의 역할과 국가의 역할을 동일시할 수는 없다. 그리고 백신 국가주의를 타당한 것으로 받아들이면, 결국 더 큰 자본과 힘을 가진 국가가 더 많은 백신을 확보하는 것을 정당화하게 된다.

이와 같은 백신 국가주의의 문제를 해결하기 위해 만들어진 코백스는 참여 국가에 백신을 균등 분배하는 코백스 퍼실리티(COVAX Facility, 코로나19 백신 공동구매 플랫폼)와, 저소득 국가에 백신을 공급하는 코백스 AMC(COVAX Advance Market Commitment, 코로나19 백신 지원 기금)의 이원 체계로 운영된다. 코백스 퍼실리티는 백신을 공동구매하여 참여한 국가들에게 공급하는 것까지 담당한다. 한편 코백스 AMC는 백신 구매 여력이 없는 국가에 공동구매로 확보한 백신을 공급하는 역할을 맡는다. 이름의 유사성으로 혼동이 있을 수 있으나 전혀 다른 체계이며, 공동구매에 참여한 고소득 국가의 자원으로 전 세계적으로 백신을 확보한 뒤 그중 일부를 중하위 소득 국가에 분배하는 방식이다. 이런 코백스의 전략이 어느 정도 효과를 보긴 했지만, 전 세계인에게 공급할 만큼의 백신을 2021년 연내에 생산할 수 없던 상황에서 여러 국가가 제약회사와 직접 계약을 맺었다. 때문에 전 세계에 코로나19 백신을 공평하게 분배한다는 목적은 달성되지 못했다. 안타깝게도 2021년 4월에 저소득 국가에 제공된 코로나19 백신은 전체 생산량의 0.2퍼센트밖에 되지 않았다.[2] 2021년 9월, 고소득 국가의 국민 80퍼센트가 백신 1차 접종을 완료한 데 비해, 저소득 국가의 경우 20퍼센트의 국민들만이 1차 접종을 받았다.[3]

백신의 필요량

2021년 5월, 한국은 약 1억 9200만 회분의 백신을 확보했다.[4] 한 사람당 2회 접종이므로 9600만 명이 맞을 수 있는 분량, 즉 총인구의 약 두 배 분량의 백신을 확보했다. 코로나19가 어떻게 전개될지 여전히 알 수 없지만, 그 점을 감안하더라도 한국에 이만큼의 백신이 필요했는지 질문해볼 필요가 있다. 예컨대 미국은 2021년 5월 기준으로 약 3억 6000만 회의 백신을 들여왔으며, 약 2억 8000만 회의 접종을 시행했다.[5] 2회 접종 완료 인구는 성인 인구의 약 50퍼센트(1억 3000만 명), 1회 접종받은 성인 인구는 약 62퍼센트(1억 6000만 명)였다. 아직 청소년기 백신 접종에 한계가 있음을 고려할 때, 미국이 백신 2회 접종자를 대상으로 실외 마스크 착용

강제 조항을 해제한 것은 타당한 접근이었다고 할 수 있다.*
미국은 코로나19 백신을 2021년 3월까지 11억 회분(2022년
4월 기준으로는 32억 회분) 확보한 상태였다.[6] 2021년 초반에
이미 3억 인구 거의 전부에게 백신을 2회 접종할 수 있는 분
량을 계약해놓고 있던 셈이다. 한국이 미국보다 백신 계약이
나 도입 면에서 뒤처진 채 시작했으나, 인구 대비 확보량을
따져보면 결과적으로 동일하다. 질병관리청은 부스터샷, 즉
백신 2회 접종 이후 면역력이 빠르게 약화될 때 백신을 다시
접종하기 위한 용도로 마련한 여분이라고 말했다.[7] 한국 역
시 미국을 비롯한 고소득 국가들의 백신 과잉 확보를 비난하
기는 어려운 처지다. 백신 공정 분배의 요구가 제기되는 가
운데 공평의 실현을 저해한 셈이기 때문이다.

2021년 후반기 들어 델타 변이가 빠르게 확산하는 한편,
코로나19 백신의 감염 전파 억제력이 생각보다 높지 않은 데
다 효과의 지속 기간이 기대보다 짧다는 것이 확인되었다.
백신 3차 접종의 필요가 인정되었고, 심지어는 4차 접종에
대한 의견까지 나와 여러 국가에서 검토되기도 했다. 전 세
계 인구의 70퍼센트가 4차 접종까지 받으려면 200억 회분의
백신이 필요하다. 계속되는 변이의 등장은 코로나19를 해결

* 이 대목은 2021년 5월을 기준으로 한 논의다. 이후 오미크론 변이 확산은
  반영하지 않았다. 이는 2022년 3월 기준, 기존 코로나19 백신과 오미크론
  변이의 관계에 대해 분명하게 말하기 어렵기 때문이다.

하려면 전 세계적 대응이 중요하다는 사실을 알려준다. 2022년 4월 초까지 코로나19 백신 112억 회분이 전 세계 인구에게 접종되었다.[8] 선진국 다수는 인구 70퍼센트 이상이 2회 이상의 백신 접종을 완료했다. 백신 반대 분위기가 꽤 강한 미국도 인구 65퍼센트가 접종을 마쳤다. 반면 아프리카나 서남아시아의 여러 국가는 여전히 10퍼센트 언저리의 접종 완료율을 보이고 있다. 예멘은 인구의 1퍼센트가, 나이지리아는 인구의 5퍼센트가 접종을 완료했다.

전 세계 보건의료 문제에 응답해야 할 때

급속도로 성장한 한국은 그 과정에서 양극화의 심화를 겪고 있다. 이 때문에 사람들이 한국의 경제적, 사회적 위상을 체감하지 못하기도 한다. 하지만 GDP 순위로 보았을 때 한국은 전 세계 12위에 달하는 경제력을 유지하고 있으며, 2021년 7월에는 유엔무역개발회의(UNCTAD)가 한국의 지위를 선진국으로 변경했다. 몇 가지 객관적 지표만 살펴보아도 한국의 위상을 알 수 있지만, 2020년 기준 한국은 OECD 국가 중 국민총소득 대비 공적개발원조 규모가 가장 낮은 편에 속한다.[9]

코로나19로 인해 의료윤리와 관련된 문제들이 가시화

된 지금, 그리고 코로나19 이후의 삶을 고민하는 지금 한국 사회도 코로나19가 제기한 문제에 응답하기 위해 노력해야 할 때다. 물론 한국 사회가 해결해야 할 보건의료 과제도 많다. 이를테면, 최근 의료비가 급격하게 상승하고 있고, 특히 의료비 중 건강보험 지급 비율을 뜻하는 건강보험 보장률이 OECD 평균(80퍼센트)에 비해 현저히 낮다(2019년 기준 63.8퍼센트).[10] 하지만 한국 의료는 객관적으로 놀라운 결과를 내고 있기도 하다.[11] 2019년 기준 평균 수명 83.3세, 영아사망률 2.7명(OECD 평균 4.2명), OECD 국가 중 두 번째로 낮은 비만율 등의 지표가 한국 의료의 수준을 잘 보여준다. 영상 장비 등 의료 자원 보유 수준도 높고 병원 병상은 인구 1만 2000명당 12.4개로 OECD 평균인 4.4개의 세 배에 가깝다. 이 같은 지금까지의 성취를 바탕으로 적어도 세계 여러 국가에 보건의료 기술이나 정책 면에서만큼은 방향을 제시할 수 있는 위치가 되었다.

팬데믹을 보내며 우리는 당면한 나의 문제를 해결하는 것만으로는 건강할 수 없음을 알게 되었다. 나만 백신을 맞는다고 바이러스로부터 안전해지지 않듯, 우리나라의 백신 접종률만 충분히 높인다고 해서 코로나19가 해결되지 않는다. 그렇다면 백신 분배 불균형 문제에 참여하는 적절한 방식은 무엇일까?

나와 연결된 모두에게 닥친 위험

2021년 초까지 정부는 대규모 검사, 빠른 추적과 치료를 바탕으로 한 한국의 3T 방역이 성공했다는 판단하에 이런 방역 전략을 외국에 선전하고 수출하려 했다.[12] 이는 두 가지 점에서 적절하지 않은 판단이었다. 첫째, 'K-방역'의 성공은 '한국적'인 것이었다. 마스크 착용 등 방역 지침에 대한 자발적인 협조를 기대할 수 있는 사회, 빠르고 어느 정도 강제적인 검사를 좋은 것으로 받아들이고 따르는 국민, 열악한 조건 속에서도 헌신한 의료인이 함께 낳은 결과가 K-방역의 초기 성과이지, 결코 시스템으로 성공했다고 볼 수 없다. 더욱이 2021년 중엽을 지나면서, K-방역이 과연 성공적인 대응 체계였는지 깊은 성찰이 필요하다는 것을 알게 되었다. 자영업자와 같은 특정 계층, 노동조합 등의 안전망이 없는 취약한 노동자층을 희생해가며 위기를 헤쳐 나오지 않았는가 말이다.[13]

그러나 우리는 마스크 착용과 사회적 거리두기 준수의 실제적인 효과를 충분히 경험했다. 외국도 늦게나마 같은 정책을 따랐지만, 늘어나는 확진자 수를 조절하는 데에는 한계가 있었다. 한국의 코로나19 대처가 갖는 특징은 영미나 유럽의 개인주의도, 중국의 전체주의도 아닌 방향으로 나아갔다는 점이다. 방역 수칙에 대한 이런 한국적 태도에 어떤 이름을 붙여야 할지 아직 모르겠지만(사회적 연대가 무엇인지 잘 보여주는 것이 아닐까?), 그런 태도가 윤리적 대응에 있어서도 기존의 개인 자율성을 성역화하거나 사회의 이득만을 극단적으로 강조하는 대신 개인의 연대를 통한 호혜적 대안을 제시할 것이다.

이 방향성을 백신 공급의 문제에 적용해보자. 앞서 백신 국가주의의 논의가 자녀에 대한 아버지의 특수 의무에 기대 그 자신을 정당화했다면, 그것은 국가를 아버지로, 시민을 자녀로 놓는 고전적 가부장주의에 기대고 있다는 점에서 비판받아 마땅하다. 코로나19 팬데믹은 앞의 논문이 섣불리 가정한 것처럼 단지 우리 가족에게만 닥친 위험이 아니라, 나와 연결된 모두에게 닥친 위험이다. 감염병과 팬데믹은 백신 확보와 접종에 대해서도 자발적 연대에 기초해 나와 연결된 이들을 지키기 위한 행동의 의무를 우리에게 우선적으로 부여한다.

2021년 9월 22일, 조 바이든 미국 대통령은 코로나19 백신 정상회의에서 코로나19 백신 추가 기부 계획을 밝혔다.[14] 당시 미국이 기부하기로 약속한 백신은 10억 8000회분에 달했다. 프랑스도 2021년 9월 25일, 저소득 국가에 백신 1억 2000만 회분을 지원하기로 약속했다.[15] 저소득 국가의 백신 접종률이 아직 낮은 상황에서 부스터샷 접종이 이기적인 결정이라는 비판을 피하기 위한 것이었다고 풀이된다. 저소득 국가는 당장 백신이 급하지만, 기부가 실행된 물량은 일부에 불과했다. WHO는 저소득 국가의 백신 공급을 위해 2022년까지 부스터샷 접종을 늦춰달라고 요청했지만,[16] 미국은 2021년 9월 24일부터 부스터샷 접종을 시작했다.[17]

한국은 2021년 10월부터 부스터샷 접종을 시작했다.[18] 생각보다 빨리 급감하는 백신의 효과를 고려할 때 이는 어쩔 수 없는 선택이었던 것으로 보인다. 하지만 백신 접종의 윤리성이 남을 보호해 결국 나를 보호하기 위한 원칙(이를 상보성의 원칙이라고 말한다.)에 기대고 있다면, 백신에 대한 평등한 접근권 보장은 그저 '당위적'인 사안이 아니다. 더 큰 위험에 노출된 사람에게, 백신이 더 시급한 나라에 백신을 나눠주는 행위는 결국 '나'를, 우리를 지키는 결과로 돌아오기 때문이다. 2022년 중순에는 4차 접종이 꼭 필요하다는 결론이 나올지도 모른다. 그렇게 되더라도 이번에는 백신 확보 문제에 다르게 접근해야 한다. '우리'에게만 초점을 맞추는 데에서 벗어나 세계적인 차원을 고려하는 방향으로 말이다.

청소년에게는 없는 의무

'남을 보호하여 나를 보호한다.'라는 상보성의 원칙과 관련해 생각해볼 사안이 한 가지 더 있다. 청소년 백신 접종이다. 청소년과 보호자가 여러 이득과 손해를 따져 백신 접종을 결정하는 것에는 아무런 문제가 없다. 문제는 청소년에게 백신 접종을 꼭 받게 하는 것이 타당한가 하는 것이다. 예컨대 정부는 청소년 백신 접종을 확대하면서 학원, 도서실에 백신 패스를 적용하겠다는 안을 내놓았다. 그러나 2022년 1월 4일, 법원은 신체 자기결정권의 행사를 침해하고 미접종자 집단에 중대한 불이익을 주므로, 소송이 종료될 때까지 교육 시설의 백신 패스 적용 효력을 정지한다는 판결을 내렸다.[19] 이에 대해 방역 당국은 미성년자의 보호를 위해 백신 접종이 반드시 필요하고, 따라서 법원의 결정에 동의하지 않는다며 항고 여부를 결정하겠다는 입장문을 발표했다.[20]

안타깝지만 이 경우엔 법원의 결정이 타당했다고 하겠다. 방역 관리 책임을 지닌 당국의 입장에서는 청소년을 통한 코로나19 감염 확산을 방지하기 위해 청소년 백신 접종이 필요하다고 여겼을 것이다. 애초에 성인의 백신 접종을 강력하게 권장하고, 상업시설 이용 시 방역 패스를 적용했던 이유는 한 개인을 지키기 위해서가 아니다. 백신이 자기 자신을 지키기 위한 것이기만 하다면, 접종에 대한 선택은 온전히 개인에게 달려 있어야 할 것이다. 백신 접종을 성인에게 요구할 수 있는 것은 그것을 통해 타인을 지켜야 한다는 윤리적 이유 때문이다.

청소년은 자신의 행동을 통해 타인을 보호할 의무를 지

지 않는다. 미성년자인 청소년의 입대를 금지하는 것도 같은 맥락이다. 아직 성인이 아닌 청소년은 성인의 보호를 받아야 할 존재이기 때문이다. 부모가 자녀를 보호하고자 백신 접종을 선택하고 제안할 수 있으나, 정부가 청소년에게 백신 접종을 요구하는 것은 정당화되기 어렵다. 따라서 청소년의 백신 접종 독려를 위해 시행하려 했던 방역 패스는 윤리적 관점에서 옳지 못하다. 앞서 백신 국가주의 논의에서 살펴봤듯, 팬데믹에 대응하는 정부의 여러 정책은 국가를 가부장의 위치에 놓는 관점을 담지하고 있는 경우가 있다. 국가가 청소년에게 더 나은 결정을 내릴 수 있는 입장에 있다고 생각하는 것이다. 그러나 이런 인식과 태도는 주지하다시피 적절하지 않다. 청소년의 백신 접종을 확대하려면, 청소년 방역 패스 적용이 아니라 청소년과 부모의 인식 변화를 위한 캠페인과 홍보 활동 등의 방법을 택해야 한다. 2년 넘게 지속되어온 코로나19 팬데믹이라는 초유의 사태 앞에서 우리는 한 번도 시도되지 않은 새로운 대책을 포함한 다양한 방안을 동원해가며 감염병과 싸우고 있다. 그와 함께 필요한 것은 이 싸움에서 지켜야 할 윤리적 선에 대한 논의다.

노인을
위한다는 것

2021년 초에 방영한 드라마 「나빌레라」는 목표를 잃은 20대 청년과 어쩌면 삶의 마지막일 목표를 좇는 70대 할아버지의 이야기를 다룬다. 발레를 배우고 싶은 나이 일흔의 노인은 방황하는 스물셋 발레리노 청년을 선생으로 맞는다. 단 청년은 노인에게 수쉬(sous-sus) 자세를 취한 채 1분간 균형을 유지하는 것을 수업의 조건으로 내건다. 수쉬란 발뒤꿈치를 들고 양다리를 붙여 중심을 잡는 동작을 말한다. 할아버지는 발레를 배워본 적도 없고 운동을 놓은 지도 오래됐지만, 자신에게 주어진 일주일을 온전히 활용하여 마침내 1분 동안 동작을 유지하는 데 성공한다.

드라마는 이 장면을 통해 질문한다. 과연, 노인은 어떤 존재인가? 삶의 마지막에 이른 노인은 이제 아무것도 할 수 없는, 그저 보호받아야 할 존재인가? 아니면 신체 능력에 저하가 일어나기는 했지만, 여전히 삶의 목표와 가치를 추구할 수 있는 존재인가? 답이 당연한 것을 묻는다고 여길 수 있지만「나빌레라」를 보면서 새삼 고개를 끄덕거렸다면, 그것은 우리가 노인들을 이제 삶을 박탈당한 존재로, 또는 자녀들의 뒷받침 외에 다른 것을 바라선 안 되는 사람으로 생각하고 있었기 때문일지 모른다.

약자인 노인을 보호한다는 생각

이런 통념을 갖게 되는 주된 이유는 건강일 것이다. 노인이 보통 사회적 약자로 분류되는 이유이기도 하다. 특히 전반적인 기능 저하가 나타난 경우를 '노쇠(frailty)'라고 부른다. 노쇠는 나이가 들면서 일반적으로 나타나는 신체 변화인 '노화'와는 차이가 있으며, 주로 근육량의 감소가 중요한 요인이다. 개인적인 경험을 나눠보면, 원래 정정하셨던 나의 할머니는 몇 년 전 대퇴골이 골절되는 부상을 입어 거동을 못하게 되면서 전반적인 건강 수준뿐 아니라 인지 능력의 저하까지 겪으셨다. 사람들이 직간접적으로 이와 비슷한 경험을 하면서 노인은 건강 수준이 좋지 못하고, 따라서 보건의료적 측면에서 보호가 필요하다는 생각이 널리 통하게 된다.

누군가를 보호하는 것, 특히 상대방을 '위하는' 의도로 보호하는 것은 좋은 일로 간주된다. 그러나 이는 후견주의 (paternalism) 또는 가부장주의와 통한다. 후견주의가 곧 상대방의 이득을 위해 상대방을 대신하여 결정을 내리는 것을 의미하기 때문이다. 다시 말해, 보건의료적 관점에서 노인을 보호하는 것은 노인에 대한 후견주의의 실현인 셈이다. 또한 우리는 여러 가치나 근거를 들어 약자를 보호해야 한다고 말한다. 정의론의 대표적인 주장 중 하나는 현재 가장 약한 자의 상황을 가장 크게 호전시키는 방법을 선택해야 한다는 것이다. 측은지심이나 구조의 원칙(Rule of Rescue)은 내가 손을 뻗어 구조할 수 있는 약자가 있다면 구해야 할 의무가 있다고 말한다. 보호는 보통 서로에게 좋은 일로 작용한다. 하지만 그 보호가 상대방의 의사에 반할 때는 문제가 된다.

코로나19 팬데믹은 보호에 관한 이런 문제를 우리에게 거칠게 던져주었다. 일반적으로 질병, 특히 감염성 질병의 사망률 자료를 보면, 사망률은 영아에서 학령기로 가면서 줄어들고, 20세를 기점으로 다시 올라가기 시작해 노년으로 갈수록 높아진다.[1] 하지만 코로나19로 인한 사망률은 특이한 양상을 보였는데, 아동과 청년기에는 중환자가 드물고, 주로 고령층에 중환자와 사망자가 집중되었다. 이런 분포는 크게 두 가지 사안에 영향을 미쳤다. 하나는 격리 정책의 시행 면에서 노인층을 대상으로 강제적이며 강력한 사회적 거리두기를 시행해 이들의 감염 노출을 최소화해야 한다는 주장이다. 다른 하나는 매우 희귀하지만 중대할 수 있는 이상 반응을 일으키는 코로나19 백신 접종에 관한 것이다. 백신 접종 초기 어린이와 청소년, 30세 이하 젊은 층을 제외한 연령대에 우선 접종하도록 했던 결정을 기억할 것이다. 백신 접종의 연령대별 이득-위험 분석 결과 30세 이하는 백신 접종의 이득보다 위험이 더 크다고 판단했기 때문이다. 후자의 경우, 여전히 코로나19와 코로나19 백신에 대해 다 알지 못한다는 점을 감안할 때 나쁜 선택이었다고 무조건 비난하긴 어렵다. 이후 화이자 백신이 보편화되고, 아스트라제네카 백신은 비난 탓인지 사용량이 많이 줄면서 조용히 생산 중단을 하긴 했지만 말이다.(인플루엔자 백신 제조 등에 사용하는 전통적인 방식으로 개발된 노바백스가 먼저 나왔다면 어땠을까 하는 생각을 해본다.)

그렇다면 전자는 어떤가? 물론 2022년 시점에서 노인층을 대상으로 한 강제적인 사회적 거리두기 강화에 관한 주장은 잘 보이지 않는다. 그러나 2020년 말까지만 해도 노인을 격리하고 다른 연령층은 정상적인 사회생활을 유지해야 한다는 주장이 제출되곤 했다.[2] 주의해야 할 것은, 어떤 제도나 정책이 특정 집단을 차별하려는 의도 없이 고안되었다 해도 작동하는 방식에서 차별의 요건이 성립될 수 있다는 점이다.[*] 최소한 한국 사회에서 노인층은 이미 여러 측면에서 차별을 경험하고 있는데, 노인 격리는 노인의 처지를 상당히 악화할 가능성이 크다. 약자인 노인을 보호하기 위한 제도라는 사실만으로 그 제도가 차별적 요소로부터 자동적으로 자유로워지지는 않는다. 일부 집단을 대상으로 한 격리 또는 거리두기 정책은 더 이상 제시되지 않지만, 그것을 통해 이런 질문을 던져볼 수 있다. 코로나19로부터 노인을 보호한다는 것은 어떤 의미인가? 보호를 위해서, 감염병 해결 또는 건강이라는 명분을 위해서라면 어디까지 허용할 것인가?

보호와 가부장주의

흔히 보호자의 자리에 강자 또는 윗사람이, 보호 대상의 자리에 약자 또는 아랫사람이 놓인다. 그 반대의 경우가 실제로 더 적기도 하겠지만, 보호 자체가 기본적으로 어떤 위계를 상정하고 있기 때문이다. 보호는 윗사람으로부터 주어지는 시혜의 성격을 띠는 경우가 흔하다. 이러한 보호 개념과 나란히 치료 행위의 속성을 살펴볼 수 있다. 치료란 전통

---

[*] 차별은 어떤 정책이나 대우가 의도하지 않아도 실현될 수 있다. 특히 특정한 정책이나 대우가 이미 차별을 경험하고 있는 특정 집단을 다른 집단에 비해 더 나쁘게 대하는 경우 그러하다.

적으로 하나의 위계 위에 구성된다. 치료하는 자와 치료받는 자, 의사와 환자. 치료하는 자는 치료받는 자를 병으로부터 지킨다. 때로 치료받는 자 자신으로부터 지켜야 할 때도 있다.(환자가 병을 악화하는 습관이 있는 경우가 대표적이다.) 의사가 환자를 보호하는 것은 당연하다. 때로 의사는 환자에게 그가 원하지 않는 것을 강제할 수 있는 권리를 부여받는다. 특히 의료가 전문화하고 국가 제도에 포함된 근대 이후, 진단이 하나의 사회적 권력의 작동 방식으로 자리 잡으면서 그런 성격은 더 강화되었다.

많은 사람이 이런 의료를 달갑지 않게 여긴다. 의료 가부장주의(medical paternalism)라는 표현이 지닌 부정적 의미를 떠올려보거나, 권위적인 의사라는 표현이 어떻게 다가오는지 생각해보는 것으로 충분하리라. 의료윤리는 의사의 권위에 맞서는 환자의 자율성이 가장 중요한 원칙이라고 말하고, 의료사회학은 전문직의 권력과 위계가 의학을 '타락'시킨 기제라고 지적한다. 연명의료나 임신중지와 관련된 쟁점은 사회의 전통적 권위를 대신하는 의학과, 개인의 자율성을 되찾으려는 개인의 다툼으로 그려지곤 한다. 여기에서 의학은 강제의 대명사가 된다.

하지만 보호와 강제가 완전히 분리될 수 있을까? 이를테면 사고 위험에서 안전할 수 있도록 자전거 운전자의 헬멧 착용을 의무화하는 방안은 적절한 조치일까, 아니면 부당한 강제일까? 흡연을 하면 폐암의 발병 확률이 높아지고 다른 질환의 발생 가능성도 올라가니 임산부 같은 특정 집단에게 금연을 강제한다면, 그것은 타당한 보건 정책일까, 아니면 개인의 자유에 대한 침해일까? 팬데믹 상황에서 노인층의 코로나19 감염을 막기 위해 그들을 격리하는 것은 어떤가? 보호와 강제 사이의 간격은 생각보다 가깝고, 두 개념은 분리해 정리하기 어려울 때가 많다.

강제와 자유 사이

영국의 생명의료윤리* 연구소인 너필드 생명의료윤리 자문위원회(Nuffield Council of Bioethics)는 이 문제를 두고 개입 사다리(intervention ladder)라는 틀을 제시했다.[3] 공중보건 정책을 강제성이 전혀 없는 것부터 완전히 강제적인 것까지 일곱 개의 단계로 나눠 정리한 것이다. 연구소가 이런 개념 작업을 한 것은 일단 보건 정책에 대한 양극적 이해를 피하기 위해서다. 보건 정책을 무조건 개인의 자유 침해로 보아서 피해야 한다거나, 정책은 어쩔 수 없이 그리고 당

---

* 생명윤리(bioethics)와 의료윤리(medical ethics)는 구분되는 영역으로 볼 수도 있고, 같은 학문이 적용 대상을 달리할 뿐인 것으로 볼 수도 있다. 크게 생명의료윤리(biomedical ethics)라는 표현을 쓰기도 한다.

연하게 강제적인 측면을 갖는다는 이분법적 이해를 공론장에서 찾아보기는 어렵지 않다. 하지만 보건 정책은 정책마다 개인의 선택을 제한하는 정도가 다르다. 즉 보건 정책이 무조건 자유를 침해하지는 않으며, 정책에 따라 자유를 침해하는 정도에 차이가 있다고 이해할 수 있다.

보호와 강제의 문제를 대할 때, 그것을 이분법적으로 바라보는 대신 스펙트럼으로 생각하면 다른 이해에 이를 수 있다. 즉 자유 대 보호, 또는 자유지상주의와 가부장주의의 두 가지 선택만 있는 것이 아니다. 우리는 정책 수립에서 개인의 행동에 접근하는 다양한 수준을 설정할 수 있다. 또 그럼으로써 자유와 강제의 대립적인 문제 틀에서 벗어나, 현재 우리에게 필요한 제도에서 강제성을, 또는 선택과 자유의 제한을 최소화할 방법은 없는지 탐색해보게 된다. 특히 건강 문제에 있어서 보건의료적 개입은 그 대상자를 위한 것이기에 당연히 이루어져야 한다고 생각한다.(물론 명확한 효과 또는 효능에 대한 근거 없이 여러 보건의료적 개입이 행해졌던 것도 사실이다.) 하지만 건강에 도움이 된다고 모든 것을 허용해도 되는 것은 아니다. 더구나 강제성이 높은 개입은 최근 들어 점점 더 선택하고 실행하기 어려워지고 있다.

팬데믹하에서도 마찬가지다. 노인에게 도움이 된다고 그들을 강제로 격리할 수는 없다. 그것은 국가가 할 수 있는 개입의 허용 범위를 넘어선다. 강제격리로 보호하고자 하는

선택 제거

완전히 선택을 제거하는 방식으로 규제(예: 감염병 환자를 강제격리)

선택 제한

보호를 목적으로 사람들의 선택지를 제한하는 방식으로 규제
(예: 음식에서 건강에 나쁜 성분을 제거, 식당에서 건강에 나쁜 음식을 파는 것을 금지)

행동 저해(disincentive)를 통한 선택 지도

금전이나 다른 방식의 행동 저해책으로 사람들이
어떤 행동을 하는 것에 영향을 미침(예: 담뱃세, 도시 주유소의 세금을 올리거나
주차 장소를 제한하여 사람들의 차 사용을 막는 것)

행동 장려(incentive)를 통한 선택 지도

금전이나 다른 방식의 행동 장려책으로 사람들의 선택을 유도하는 규제
(예: 출근용 자전거 구매 시 면세 혜택)

기본 선택지를 변경하여 선택 지도

예컨대 기본 곁들임 요리로 감자튀김을 제공(더 건강한 선택지도 있음)하는 대신,
더 건강한 선택지를 제시(감자튀김으로 변경할 수 있음)

선택 허용

행동을 바꿀 기회를 부여
(예: 금연 활동에 참여 권장, 자전거 전용도로 설치, 급식에 샐러드 배치)

정보 제공

대중을 교육(예: 걷기, 끼니마다 채소 먹기 등이 건강에 좋음을 선전)

아무것도 하지 않음, 현재 상태를 관찰

영국 너필드 생명의료윤리자문위원회에서 제시한 개입 사다리.

것이 모호하며, 다른 대안이 있는 데다가, 실효성이 불확실하기 때문이다. 노인을 어느 정도 보호할 수 있다는 심증만으로 기본권을 침해해서는 안 됨은 물론이다. 감염병 환자의 강제격리는 환자와 다른 사람 모두를 지키기 위해 어쩔 수 없이 이루어진다. 그러나 감염병을 진단받지 않은 노인을 격리하는 것은 모두를 지키기 위한 조치가 아니다. 강제격리가 감염병 노출을 줄일 것이라는 단순한 정책적 판단이지만, 현대 사회에서 접촉은 다층적·다면적으로 일어난다. 또한 완전한 격리를 시행한 요양병원에서 감염 확산이 일어난 사례가 더러 있었다는 점을 상기해야 한다. 나아가, 더는 가부장적인 국가나 사회구조를 받아들이지 않으면서도 모두의 건강을 추구할 방법을 찾고자 한다면, 이제는 '보호'의 틀을 벗어나야 할 때다.

보호의 틀을 벗어나
건강한 선택을 지원하기

대다수의 사람은 건강을 추구하며, 건강해지기 위해 각자 무언가를 실천하고 있다. 정기검진을 받고, 운전할 때 안전벨트를 맨다. 다이어트를 하고, 헬스장을 찾고, 건강을 위한 책을 사서 읽기도 한다. 정도의 차이는 있지만, 거의 모두가 자신의 건강을 챙기면서 살아간다고 말해도 무방할 것이다. 그렇다면 사람들을 건강하게 만들기 위해 특정한 선택지를 빼앗거나 행동을 금지하는 대신에, 개인의 노력을 지원하는 것이 더 좋은 방법이 아닐까? 물론 이런 방법이 이미 많은 영역에서 시행되고 있다. 이제 금주령을 내리는 나라는 찾아보기 힘들다. 절주 캠페인을 벌이고, 술의 해악을 홍보하는 쪽을 택한다. 담배에 대해서도 마찬가지다. 담뱃세를 물리고, 보건소에서 금연 클리닉을 운영하며, 담뱃갑에 담배의 위험을 알리는 '불편한' 그림을 싣기도 한다.

팬데믹 상황에서도 그래야 하냐고 반문할 수 있다. 생명이 위급한 상황에서도 강제와 금지를 택하지 않아야 하냐고 말이다. 나는 다를 것이 없다고 생각한다. 강제적인 방법은 오히려 반감을 불러일으키며, 결국 의료 정책 및 서비스 수행에 대한 시민의 신뢰를 갉아먹는 요소가 되기 때문이다. 이미 코로나19로 인해 타인을 향한 신뢰가 줄어드는 가운데,[4] 한국 정부의 방역 정책에 대한 높은 신뢰도를 정부의 신속한 대응과 국민의 자발적 참여로 설명한 연구[5]를 곰곰 고찰해볼 필요가 있다.

팬데믹하에서 여러 번 겪었던 것처럼, 방역 시행 과정에서 발생한 문제를 해결하는 데 가장 중요한 요인 중 하나는 사회와 시민의 신뢰다. 마스크 착용도, 거리두기 정책도, 백신 접종도 신뢰에 금이 갈 때 제대로 작동하기 어렵다는 것을 우리는 계속 겪어왔다. 사회적 거리두기 정책을 정부가 세운 체계에 따라 일관되게 적용하지 않았던 몇 번의 국면은 정부의 방향성을 의심하게 만들었으며, 이는 '정치방역'이라는 비난을 낳은 이유 중 하나이기도 하다. 백신 접종 초기에 대통령이 맞은 백신에 대한 왈가왈부나, 접종 및 예약 과정에서 벌어진 혼선 등이 결국 백신 반대의 목소리를 높인 일은 감염병 대응에서 정부의 신뢰 유지가 얼마나 중요한지 극명하게 보여준다.

보호라는 이름의 강제 대신, 시민들의 건강을 위한 선택을 지원하는 제도를 마련하고, 적극적으로 채택 및 시행하는 방식에 대한 고민이 필요하다. 만성질환자의 약물 복용을 감시하는 대신 약물 복용을 도와주는 앱을 만들거나, 흡연자에게 인사고과의 불이익을 주는 대신 사내 금연 프로그램과 인센티브를 운영하는 등의 사례가 있지만, 아직 보건의료 정책에 적용한 사례는 찾아보기 어렵다. 감시나 불이익이 인권 침해 소지가 있다 해도 그 대안으로 제시되는 방법들이 우리에게 친숙하지 않을뿐더러, 의료윤리나 보건학에서 관련 논의가 시작된 지 얼마 되지 않았기 때문이다. 더구나 코로나19 상황에서 인센티브 논의는 거의 찾아볼 수 없었고, 방역패스라는 페널티 방식만 정책적으로 활용되었다.

하지만 만성질환의 비중이 커지고 있는 지금, 행동 장려를 통해 시민들의 건강한 선택을 지원하는 보건 정책에 관한 준비는 다른 무엇보다 시급하다. 운동, 금연, 금주 같은 행동 변화는 강제로 이루어지지 않는다. 더구나 코로나19 같은 감염병의 관리에서도 마스크 착용, 손 씻기, 실내 환기 등 행동의 변화가 중요하다(「2. 마스크 쓰기라는 건강행동」 참고). 팬데믹 이후에도 마찬가지다. 감염병은 계속 찾아올 것이고, 우리는 재차 팬데믹이 일어나는 것을 막기 위해 일상을 전환해야 할 필요성을 느끼고 있다. 그 변화를 국가의 강제로, 또는 개인의 노력으로만 성취하는 것은 불가능에 가깝다. 코로나19 다음을 준비하기 위해 정책적 접근 방식의 변화가 필요한 이유다.

의료는 있으나
돌봄은 없다

고통은 평등하지 않다

사회적 거리두기는 많은 사람들에게 큰 고통을 안겼다. 그러나 그 고통은 평등하지 않다. 확진자나 밀접 접촉자가 발생하면 더 큰 어려움과 타격을 받는, 심지어 생존의 위협을 겪는 이들이 있다. 대표적으로 생활을 영위하는 데 활동지원사의 도움이 필요한 중증 장애인이 있다. 장애인 당사자나 활동지원사가 자가격리되는 경우, 기본적인 생활 유지가 어려워진다. 지원 인력이 언제나 부족한 현실에서 활동지원사가 격리되면, 그 기간을 대신해줄 사람을 찾기가 거의 불가능하다. 대체 인력이라도 양성해달라는 요구가 나오고 있지만,[1] 변화는 더디거나 거의 없다. 이뿐 아니라 많은 장애인이 여러 방역 정보와 의료 서비스에서 소외되고 있다. 청각장애인은 선별진료소에 수어통역사가 없어 의사소통의 문제를 겪는다. 시각장애인은 정부의 재난 문자 등을 확인하는 데 어려움을 겪으며 확진자 수, 방역 지침 등의 필수 정보에서 배제된다.

또한 장애인은 코로나19의 위험에 더 크게 노출되어 있으면서도* 적절한 의료 서비스를 받기 어렵다. 2020년 12월 9일 기준으로 작성된 보건복지부 자료에 따르면,[2] 2020년 전체 치명률(확진자 중 사망자 비율)이 약 1.4퍼센트였으나, 장애인 집단의 치명률은 다섯 배 이상 높은 약 7.5퍼센트였다. 한국보건사회연구원이 발표한 「2020년 장애인 실태조사」를 보면,[3] 병·의원에 가고 싶을 때 가지 못했음을 의미하는 연간 미충족 의료율이 장애인의 경우 32.4퍼센트로, 전체 인구의 연간 미충족 의료율 6.6퍼센트의 약 다섯 배에 달한다. 이것은 2017년도 연간 미충족 의료율 17퍼센트보다 두 배 가까이 증가한 것이기도 하다. 코로나19로 인한 돌봄 공백 속에

---

* 장애인 일반에게 코로나19의 위험이 높은 것은 아니겠지만, 기저질환이 있는 경우 코로나19로 인한 치명률이 더 높다는 점, 사회적 거리두기나 마스크 착용 등 물리적 접근법을 적용하는 데 어려움을 겪을 수 있다는 점(예컨대 독순[讀脣]을 하는 농인에게 마스크 착용은 사회생활에 상당한 어려움을 초래한다.), 백신 접종에 대한 접근성 면에서도 문제가 있다는 점을 들어 이러한 표현을 사용했다.

서 발달장애인 부모의 20퍼센트가 자녀를 돌보기 위해 한쪽이 직장을 그만두어야 했다는 국가인권위원회의 발표도 있다.[4] 이처럼 과중한 돌봄 부담으로 발달장애인과 그의 보호자가 함께 사망하거나 자살하는 일까지 발생했다.[5]

이런 상황에 처한 것은 장애인뿐만이 아니다. 정도나 방향의 차이는 있겠지만, 노인층도 정보 소외 계층, 의료 서비스 소외 계층인 것은 마찬가지다. 많은 노인이 코로나19 백신 예약을 위해 자식들의 손을 빌려야 했다. 이들이 일자리 감소, 여가 시설 축소, 돌봄 중단, '코로나 블루' 등의 어려움을 겪고 있다는 지적도 나온 바 있다.[6] 한편 요양시설에 있는 노인들은 해를 넘겨 면회를 금지당한 채로 지냈고 2021년 3월이 되어서야 한시적으로 비접촉 방문 면회가 실시되었다.[7] 그러나 2021년 여름, 코로나19가 4차 대유행 국면에 접어들면서 다시금 면회는 불투명해졌다. 요양시설 면회는 2021년 겨울, '위드 코로나'와 함께 잠시 허용되었다가 다시한번 금지되었다.[8] 2년 넘게 면회가 제한되면서 환자와 가족이 큰 어려움을 겪고 있을 뿐 아니라, 요양시설 근무자도 가족이 임종을 지키는 것까지 막아야 할 때가 있다며 인간적, 감정적 고통을 호소한다.[9] 이런 문제가 단기간에 개선되기 어렵고, 코로나19 종식의 전망이 아직 불투명하다면, 우리는 어떻게 취약계층에게 필요한 돌봄을 제공할지를 고민해야 한다.

정부는 2020년 11월, '코로나19 시대, 지속 가능한 돌봄 체계 개선방안'을 내놓았다.[10] 골자는 다음과 같다. 첫째, 코로나19의 전국적 대유행 상태가 아니라면, 최대한 돌봄 시설을 운영할 수 있도록 시설의 방역 지침을 확정하고 방역관리자를 두도록 한다. 둘째, 돌봄 서비스 종사자나 가족이 확진 판정을 받을 경우, 대체 인력을 마련하거나 지원하는 등 대응 체계를 구축한다. 셋째, 취약계층을 점검하여 돌봄이 필요한 대상자를 발굴한다. 일견 현 상황에 필요한 접근으로 보이지만, 양난주 사회복지학과 교수는 이런 정책 방향에 대한 적확한 지적을 내놓았다. "사업을 추가하고 제도를 정비한 효과가 실제 노인 당사자가 이용하거나 이용할 수 있는 돌봄 서비스의 양과 질에 어떤 변화를 가져오는지, 아울러 직접 돌봄을 수행하는 사람들의 고용과 보상, 근로환경이 어떻게 달라지는지를 말할 수 없다면 개선은 미미할 것이다."[11] 이는 노인뿐 아니라 장애인 돌봄에도 마찬가지로 적용된다. 결국 방역 여건의 변화에 따라 시설을 축소 운영하고 대체 인력을 마련 또는 지원하는 것만으로는 (이전에 비해 큰 변화라고 하더라도) 돌봄과 얽힌 갖가지 문제를 해결하기에 역부족인 셈이다.

코로나19 초기만 해도 이런 논의조차 어려웠다. 당장 코로나19로 인한 노인층 사망률과 입원율이 모두 높은 상황에서 돌봄 문제까지 챙길 여유가 없었던 탓이다. 장애인의 필요 또한 고려하지 못했다. 하지만 이제 백신 접종 완료율이 86퍼센트(2차 접종 기준)를 넘은 현재 우리에겐 새로운 방식의 돌봄이 필요하다. 이 방대한 주제에 다가가기 위해 시설화에 관한 이야기부터 시작해보자.

(탈)시설화의 한계

여기에서 시설이란 노인 요양시설이나 장애인 복지시설을 통칭한다. '시설화'는 일제강점기부터 이어진 정책이다. 우생학의 인종개량적 관점을 전제했던 일본 근대 사상가들의 영향 아래 일제는 자국이나 식민지 조선에서 장애인을 눈엣가시 취급했고, 그 영향은 독립 후에도 계속되었다.[12] 일제강점기부터 강제적으로 시설에 수용당했던 이들로 정신장애인[13], 감염병 환자[14]가 있다. 게다가 한국 사회는 빠른 발전 과정에서 사회적 돌봄 체계를 만드는 데 신경 쓰지 못하고 주로 시설화에 의존했다. 1961년 생활보호법 제정으로 정부는 보호시설과 재활시설의 설립 근거를 마련했으나, 시설은 주로 수용과 보호에 초점을 맞추었다.[15] 1988년 서울 올림픽은 장애인 거주시설의 확대 이전을 추진하는 계기가 되기도 했다.[16] 한편 노인 요양시설은 비교적 늦게 확충되기 시작하였다. 1999년의 한 문헌에 따르면,[17] "1998년 12월 말

현재 전국에 공급된 노인 요양시설은 모두 7555병상으로 이를 65세 이상 노인 인구에 대한 비율로 환산하면 0.25퍼센트에 불과하다." 그 전에도 노인 요양시설이 있었지만 종교시설 등이었다. 고령화와 가족 축소가 빠르게 나타난 한국 사회에서 의료법이 요양병원, 노인복지법이 요양원의 설립 근거를 확립하면서 두 시설의 수와 이용은 최근 빠르게 증가했다.[18]

장애인시설의 인권 침해 문제는 오래전부터 지적되어왔고,[19] 노인 요양원의 환경에 대한 문제 제기도 꾸준히 있었다.[20] 더불어 이러한 문제를 해결하기 위한 탈시설화(deinstitutionalization) 요구가 장애계를 중심으로 지속적으로 이루어져왔다. 탈시설화 운동에 관한 관심이 높아지고 있지만, 여전히 많은 사람들이 탈시설화를 시설 폐쇄라는 공간적 문제로만 단순하게 생각하는 경향이 강하다. 이를테면 장애인 탈시설화 문제를 논의하면서 '그러면 장애인들을 어디로 보낼 것이냐?'라고 묻거나, '시설이 없어지면 장애인들이 도움을 받을 수 없게 되지 않느냐?'라고 반문하는 것이 대표적이다. 노인에 대해서도 마찬가지다. 요양원이 없으면 노인은 누가 돌보느냐는 질문 자체가 시설을 중심에 놓는 생각의 틀을 벗어나지 못했다는 방증이다. 이런 사고방식은 돌봄에는 고정된 공간이 필요하고, 따라서 시설은 필요악이라는 주장을 정당화하기도 한다. 2020년 최혜영 의원이 대표 발의한 '장애인 탈시설 지원 등에 관한 법률안'이 잘 보여주는 것처럼,

탈시설이란 장애인이 시설에서 나와 지역사회에 통합되어 개인 주택에서 자립 서비스를 제공받으며 자율적으로 살아가는 것을 의미한다.[21] 즉 탈시설은 단지 시설을 없애는 데에 그치지 않고, 지역사회와의 통합에 방점을 찍고 있다.

이런 탈시설화의 필요성은 코로나19 팬데믹이 우리에게 강요해온 거리두기와 일견 상충하는 듯 보인다. 장애인과 노인을 보호하려면 시설 격리가 더 안전한 방법이 아니냐는 것이다. 그러나 청도 대남병원 사태,[22] 계속된 요양병원·요양원 집단감염[23]이 증명하듯 시설 격리가 결코 더 안전하지 않다. 우리는 시설을 사회와 완전히 차단된, 밀폐된 공간이라고 치부하기 쉽지만, 시설은 사회와의 연결 없이 유지되지 않는다. 그리고 현재의 제도적, 환경적 맥락에서 시설 감염 관리에 한계가 있을 수밖에 없다.[24] 물론 감염 관리나 여러 사회적 변수에 대비되어 있는 수준 높은 시설이라면 오히려 코로나19로부터 안전할 수도 있겠다. 그러나 다수의 시설이 경제적, 사회적 이유로 그렇지 못하다면 우리는 반대로 생각해야 한다. 코로나19로부터 장애인과 노인을 보호하기 위해 탈시설화가 필요한 것이라고. 하지만 문제가 남는다. 과연 한국 사회는 한때 사회 바깥으로 내몰았던 장애인과 노인, 미성년자 등을 다시 맞아들일 준비를 하고 있는가?

온전하고 단일한 신체에 대한 환상

우리는 너무나 당연하게 우리 자신의 몸이 튼튼하다고 믿는다. 이는 앞서 살핀 건강함과는 다른 의미로, 침범당하지 않는 온전함(integrity)이 나를 정의한다고 믿는 것을 말한다.[25] 피부는 나와 바깥을 구분하는 경계다. 콧구멍과 입을 기준으로 안으로 들어온 공기와 음식물은 나의 것으로 소화되며, 나쁜 것은 파괴되어 없어진다. 이 경계를 넘어 나를 침범하는 것은 나와 동화되거나 소멸되어야 한다.

이런 인식은 몸에 대한 환상일 따름이다. 우리 몸 '안'에는 이미 수많은 미생물이 살고 있으며, 미생물 없이는 우리의 생명 활동을 온전히 유지할 수 없다. 특히, 소화기에 사는 미생물의 균형이 잘 유지되지 않으면 탈이 난다.* 또 우리 몸을 지키는 면역계는 자연면역과 획득면역으로 나뉘는데, 후자는 외부에서 침투한 미생물 등 특정한 외부 물질을 기억하여 해당 물질이 다시 침투했을 때 왕성한 활성을 보인다. 여기에 의존하는 것이 백신이다. 백신이란 병에 걸리기 전에 몸에 미리 미생물이나 바이러스의 표지를 인식시키는 방식이

---

* 이를테면 항생제 사용 후 발생하는 장염(클로스트리듐 디피실 장염)이 있다. 항생제가 장에 사는 균을 구분 없이 공격하기 때문에 좋은 균도 많이 죽으면서 장내 미생물의 균형이 깨지게 되고, 그 틈에 세를 확장한 클로스트리듐 디피실이라는 균이 내뿜는 독소가 장염으로 이어지는 것이다.

다. 흥미로운 점은 세포가 외부 물질(항원)을 '기억'한다는 것인데, 이런 백신의 작동 방식을 '면역학적 기억' 기전이라고 부른다. 세포는 뇌와 같은 시냅스 연결망을 지니고 있지 않으므로, 기억세포가 면역 과정에서 외부 물질을 기억하는 역할을 맡는다. 기억세포란 외부 물질에 반응하여 형성되는 것으로, 나로부터 유래하지 않은 정보를 지닌 세포다. 거칠게 말하자면, 기억세포는 나와 나 아닌 것의 혼합체. 우리 몸은 생물학적 '나', 즉 단일 유전자에서 분화되어 만들어진 여러 세포로만 이루어진 것이 아니다. 우리 몸 안에는 이미 우리 아닌 것들이 있다.

그럼에도 나 자신의 온전함, 단일성에 대한 믿음이 유지된다. 또 이 믿음은 국가에 투사되곤 한다.(민족국가의 형성 이후 국가를 '민족의 신체'에 비유하는 데 익숙하지 않은가.) 나(와 국가)는 침범당해선 안 되며, 피부(와 국경)는 뚫려선 안 된다. 코로나19 초기 실효성과 관계없이 강력했던 국경 봉쇄 요구, 코로나19가 확산하면서 관찰되던 특정 인종이나 집단에 대한 극도의 혐오, 그리고 확진자를 향한 극심한 거부 반응 등을 이 온전성의 환상으로도 일부 설명할 수 있다. 모든 문제는 침투되어서는 안 되는 나의 경계를 찢고 나의 취약함을 드러낸 저들 탓이다.

감염병이 드러낸 취약성

철학자 주디스 버틀러는 삶의 '취약성'에 대한 이해를 바탕으로 9·11 테러 이후 미국에 관한 사유를 전개한다.

나는 2001년 가을에 미국이 세계 공동체의 일원으로 자신을 다시 정의할 기회를 놓쳤다고 느꼈다. 오히려 미국은 국가주의적 담론을 강조하고 감시 기구를 확장했으며 헌법적 권리를 일시 중지하고 내·외재적 검열을 강화했다. [……] 미국의 국경에 구멍이 났다는 것, 그 참을 수 없는 취약성이 노출되었다는 것, 끔찍한 인명 살상이 벌어졌다는 것은 공포와 애도의 원인이었다. 그 사실은 지금도 변하지 않았다. [……] 우리가 상처를 입을 수 있으며 타인도 상처를 입을 수 있고, 다른 이들의 변덕으로 인해 우리가 죽음에 노출될 수 있다는 것은 모두 공포와 슬픔의 원인이 된다.[26]

9·11 테러는 미국의 취약성을 드러냈다. 수많은 사람들이 세계무역센터 빌딩의 붕괴와 3000명에 달하는 사망자에 애통해했지만, 더 놀랍고 충격적인 것은 불가침의 영역이라고 믿었던 곳, 철통같은 방어로 지켜지리라 믿었던 미국의 국경이 몇 사람의 침투로 허물어질 수 있다는 사실이었다. 버틀러는 이후의 미국 사회가 타인에 대한 인간의 취약성을

드러낸 이 사건을 통해 다른 나라, 전 지구와 연대할 수도 있었으나, 자신을 더 걸어 잠그는 방식을 취했다고 분석한다. 우리 삶이 타자에 기대고 있음을 깨닫고 인정하기보다는, 외부의 공격 앞에서 자기 안의 타자를 내쫓고 자신을 알 속에 가두는 방식으로 나아간 것을 안타까워한다.

코로나19도 국가와 개인 수준에서 같은 방식으로 작동하고 있음을 목도한다. 코로나19는 구시대의 위협이라고 여겼던 감염병이 여전히 현존하는 위협임을 다시금 드러냈다.(역학에서는 현재를 새로운 감염병의 시대로 본다.) 국가의 경계는 더할 수 없이 취약하고, 감염병을 한정된 지역에 봉쇄하려는 전략은 번번이 실패로 돌아간다. 그럼에도 국가는 바이러스와의 전쟁에서 승리를 거둘 것을 약속하며 바이러스를 격멸하는 정책을 취한다. 개인은 방역 수칙을 지키고 백신 접종을 하면서 지금의 비정상 상황이 다시 정상으로 돌아갈 것이라고 생각한다. 이런 생각 위에는 바이러스가 완전히 축출 가능한 대상이라는 믿음이 떠다닌다.

바이러스라는 작은 분자가 우리의 경계를 찢고 그 속살을 드러냈지만, 우리는 취약성을 인정하기보다 모든 위험과 위협, 불확실성을 없앨 수 있다는 듯이 더 높은 벽을 세우고자 한다. 하지만 애초에 나와 타자의 구분이 환상이라면 그런 전략은 가능하지 않다. 미생물을 박멸하는 방식, 즉 방역의 끝없는 강화라는 해결책 역시 마찬가지다. 설사 코로나19

를 완전히 내 삶에서 분리해낸다고 해도 그 자리를 다른 미생물, 다른 바이러스가 채우게 될 것이다. 그렇다면 코로나19의 경험이 우리에게 주는 의미를 반대로 이해해볼 수 있지 않을까? 우리의 경계가 지닌 취약성을 인정하고, 우리가 서로에게 의존하고 있음을 깨닫고, 취약성 속에서 살아가는 방법을 배워가는 것이다.

함께 돌본다는 것

나와 타인을 구분 짓는 몸의 명확한 경계, 침범당하지 않는 '나'라는 환상을 벗어나서 생각하기는 무척 어렵다. 자존하며 독립적인 나는 '깨끗하길' 원한다.(깨끗함이란 말이 오래전부터 신체와 영혼의 건강함을 의미했음을 상기해보자. 이를테면 성경에서 예수는 나병 환자에게 말한다. "깨끗함을 받으라.") 하지만 과도한 깨끗함의 추구는 병적인 것이 된다.('병적 깨끗함'이라는 표현이 있지 않은가.) 질병의 원인인 세균을 항생제로 박멸하려는 시도는 항생제 내성 세균, 즉 항생제의 공격을 견디는 진화한 세균의 등장으로 이어졌다. '더러운' 인종을 제거하려는 인종 청소, '열등한' 유전자를 제거하려는 우생학은 인간에게 씻을 수 없는 상처를 남겼다. 세균의 미시 세계에서나, 인간의 거시 세계에서나 병적 깨끗함이 엄청난 폐해를 가져온 셈이다.

바이러스가 주는 깨달음은 장애와 노화의 문제에도 똑같이 적용된다. 장애와 노화는 모두에게 찾아온다. 우리와 분리된 병적 조건이 아니라 우리의 일부다. 장애와 노화는 관리의 대상이 아니라, 함께 살아가야 하는 우리 삶의 조건이다. 그러나 장애와 노화를 몰아내거나 배제하지 않고, 삶의 당연한 조건으로 받아들이기는 쉽지 않다. 더구나 젊음과 강건함의 이데올로기[27]가 지배하는 현대 사회의 일상에서 두 조건은 은폐되어 있다. 그렇다면 그 은폐의 형식, 장애와 노화를 의료화하는 전략, 장애인과 노인의 공간을 시설에 배치하는 정치의 작동을 폭로하는 것도 하나의 방안이 될 수 있다. 무엇보다 중요한 것은 장애인과 노인을 어떻게 사회 안에서 돌볼 것인가를 묻는 일이다. 탈시설화는 단지 지역 바깥의 시설에서 지역 내 돌봄시설로의 전환을 의미하는 것이 아니라, 우리 사회가 장애인, 노인과 함께 살 수 있는 장소로 바뀌는 것을 뜻하기 때문이다.

돌봄의 부재, 무관심(carelessness)이 우리 삶을 지배하고 있다는 지적은 적확하다.[28] 자본과 권력의 힘에 끌려다니는 우리는 자기 자신과 다른 사람을 돌보는 일이 인간과 사회의 재생산에 필수적인 것임을 잊어버린다. 함께 살아가는 법이 곧 '함께 돌보는 법'임을 잊는다. 이는 전통 사회나 현대 자본주의사회 모두에 내재한 문제다. 돌봄은 여성의 일로 폄하되어 무가치한 것으로 여겨져온 한편, 점차 시장경제에 편입되어 상품화되고 있다. 즉 돌봄까지 포섭한 자본은 돌봄을 철저히 노동시장과 가족에 전가했다. 전자는 여성(비정규직) 노동자에 의해 수행되는 돌봄노동이며, 후자는 가족에 의해 수행되는 돌봄 행위인데, 둘 다 정당한 가치를 부여받지 못하기는 마찬가지다. 돌봄이 서로의 필요를 살피며 그에 반응하는 가치 있는 삶의 기초이자 원천이라면, 우리에게 '복지'는 있으나 돌봄은 없다. '의료'는 있으나 돌봄은 없다.

코로나19가 강제한 사회적 거리두기 덕에 우리는 돌봄을 다시 사유할 수 있는 위치에 있다. 비대면 경제의 확대, 비대면 활동의 일상화는 우리에게 인간적 접촉의 의미가 무엇인지, 서로에게 손 내미는 것이 어떤 필요를 채우고 어떤 유대를 전해주는지 다시금 깨닫게 했다. 돌봄이 개인의 일이 아닌 공동의 작업으로, 새로운 시작을 낳기 위한 탄생의 업(業)으로 자리매김할 때, 비장애인중심주의(ableism)와 연령주의(ageism)에서 벗어날 가능성을 열어주는 돌봄 개념의 확장과 실천이 이뤄질 것이다.

감염병의 공포

공포가 낳은 혐오와 폭력

2020년 초, 코로나19가 빠르게 전 세계를 뒤덮어갈 때 그보다 빠르게 퍼진 것이 있었다. 바로 팬데믹에 대한 공포다. 특히 중국, 이탈리아, 미국 등지에서 의료 시스템의 붕괴가 일어나고 사람들이 제대로 치료도 받지 못하고 죽어가는 상황이 보도되면서 한국 사회도 엄청난 공포에 휩싸였다. 2020년 3월에 한창 불이 붙었던 국경 봉쇄에 관한 논쟁은 실제적 영향이나 효과와는 별개로, 팬데믹 공포가 어떤 역할을 하는지 보여주는 좋은 사례로 남았다. 이런 공포는 혐오와 결합해 폭력을 낳기도 한다. 코로나19 확산의 책임이 중국에 있다고 생각하는 사람들의 질병을 향한 공포가 팬데믹 이후 북미, 유럽 등에서 아시아계에 대한 혐오범죄의 증가로 드러나듯 말이다.* 팬데믹 대응은 단순히 감염병의 관리만을 의미하지 않는다. 주지하다시피 감염병이 미치는 신체적, 정신적, 사회적 영향을 다뤄야 하고, 여기에 실패할 때 감염병 관리에도 한계가 발생한다. 더구나 나는 이런 모든 차원이 건강을 구성하는 요소이며, 따라서 건강 담론이 문화와 사회 차원까지 모두 포괄해야 한다고 생각한다. 이런 맥락에서 감염병에 대한 불안과 공포, 그것이 불러오는 혐오와 폭력성을 이해하고 논의하는 일은 팬데믹 이후 개인과 사회가 건강을 회복하는 과정에서 필히 요구된다.

혐오와 폭력성을 고찰하는 데는 정신분석학 이론이 유효한 관점을 제공한다. 인간이 불안과 공포를 느끼면 이를 방어하기 위해 폭력성을 동반할 수 있다는 정신분석학의 통찰은, 공포를 어떻게 다루고 받아들일 것인가 하는 질문에 폭력이란 문제의 실마리가 있음을 보여준다. 여러 문학작품에서 불안과 공포, 폭력성의 이 같은 양상을 읽어낼 수 있다.

---

* 이런 상황을 해석할 때 혐오와 분노를, 또는 혐오로 인한 폭력과 분노로 인한 폭력을 혼동하지 않도록 유의해야 한다. 철학자 마사 누스바움(Martha Nussbaum)의 정의에 따르면, 분노란 잘못된 것에 항거하고 사회를 교정하기 위한 정서적 힘이다.[1] 예컨대 '아시아인 혐오범죄에 BTS가 분노의 목소리를 표출했다.'[2]라거나, 저항을 지속할 수 있는 "원천적 감정이 곧 분노"[3]라고 말할 수 있다.

여기에서는 그중에서도 서양 문학의 원류로 꼽히는 호메로스의 『오디세이아』와 전염병을 주제로 한 알베르 카뮈의 『페스트』를 통해 공포와 혐오, 폭력이 어떻게 연결되는지 그 근원을 살펴보려 한다.

자연에 대한 공포를 이성의 폭력으로 밀어내다

많은 사람들이 『오디세이아』를 트로이전쟁 이후 오디세우스가 겪은 파란만장한 모험과 귀향의 이야기로 기억한다. 그러나 이 대서사시에서 오디세우스의 판타지적 모험은 전체 분량의 절반에 훨씬 못 미친다. 상당 부분이 아들 텔레마코스와 그의 모험, 또는 고향으로 돌아온 오디세우스의 참혹한 살육 등에 대한 기록으로 이루어져 있다. 어느 정도의 살육이 벌어지는지 한 대목을 보자.

> 이렇게 말하고 그는 이물이 검은 배의 밧줄을 한쪽 끝은
> 주랑의 큰 기둥에 매고 다른 쪽 끝은 원형 건물의 꼭대기에 감아
> 팽팽히 잡아당겼다, 어떤 여인도 발이 땅에 닿지 않도록.[4]

오디세우스는 집에 기거하던 108명의 구혼자들을 모두 몰살한 뒤, 이들과 내통하던 시녀들을 목매달아 죽인다. 여러

명을 밧줄 하나에 매달아 살해하는, 상상만으로도 끔찍한 장면이 천연덕스럽게 제시되어 있다. 오디세우스가 폭력을 휘두르는 이유는 무엇일까? 일차적으로는 호메로스가 제시하는 것처럼, 오디세우스가 벌이는 살육의 한판 춤사위를 신의 뜻으로 해석할 수 있다. 그가 신을 노엽게 하고, 신에게 정성스러운 제물을 바치는 순간마다 운명의 저울추는 좌우로 기울고 오디세우스와 세상의 상호작용도 이리저리 흔들린다.

다른 독해도 가능하다. 호르크하이머(Max Horkheimer)와 아도르노(Theodor Adorno)는 『계몽의 변증법』에서 오디세우스가 인간의 인간 지배, 세계대전, 인종 말살(genocide)과 같은 현대사의 비극을 이미 보여주고 있다고 말한다. 문명이란 흔히 인간이 자연을 극복하여 사회를 건설해가는 과정으로 이해된다. 이때의 자연이란 이중적인 의미를 지닌다. 하나는 외부 환경으로서의 자연이다. 숲, 강, 산, 바다를 정복하고 길들여 생산수단으로 바꾸어나가는 것이 하나의 극복이다. 다른 하나는 인간 내부에 깃든 자연이다. 인간이 동물로서 지니고 있는 자연적 본성을 길들여 사회적 규범과 행동양식을 익히는 것이 또 하나의 극복이다.

자연을 극복하려 하는 이유는 무엇일까? 자연이 가져다주는 두려움과 공포도 하나의 이유다. 인간 내외부의 자연은 인간의 뜻대로 통제되지 않는다. 통제 불가능한 자연으로 인해 언제든 죽을 위험에 처할 수 있다는 사실은 인간에게 엄청난 공포의 원천으로 작용한다. 이 공포를 다스리기 위해 과거에는 신과 주술을 활용했다면, 근대 이후로는 기술과 과학이 그 자리를 대체했다. 하지만 이런 통제 방식은 자연을 완전히 굴복시키지 못한다. 자연에 뒤집어씌운 멍에는 복수의 때를 기다린다. 예컨대 지구 온난화, 감염병의 세계적 대유행 등의 환경 위기는 자연의 복수라고 흔히 일컬어진다. 한편 인간 내면에 자리한 자연도 복수의 칼을 품고 있다. 인간은 자신을 길들이려 노력하지만, 자연적 본성은 언제든 튀어나올 준비를 하고 있다. 이러한 자연의 길들임과 자연의 두 가지 복수가 등장인물을 통해 형상화된 것이『오디세이아』라고 호르크하이머와 아도르노는 말한다.

오디세우스는 자신의 꾀로 어떻게든 위기를 헤쳐나가고 그것을 자랑스럽게 여긴다. 그는 목숨은 건사하지만, 그 대가로 많은 것을 잃는다. 동료들이 죽고, 배가 침몰하고, 그 자신도 모험에서 빠르게 늙는다. 무엇보다 오디세우스는 타 문명 또는 문화와 교류하거나 조화를 이루는 방법을 배우지 못한다. 그가 꾀라고 말하는 것은 폭력의 형태로 실현된다. 귀환한 오디세우스는 수많은 사람을 몰살한다. 정당한 요구를 하는 사람, 잘못을 저지르지 않은 사람도 그의 피바람을 피하지 못한다. 왜 그런가? 그가 휘두르던 폭력이 결국 오디세우스를 대체했기 때문이다. 외부에 가한 폭력은 그 사람의 내면을 바꾼다.

오디세우스의 꾀를 이성, 지식, 과학으로 대체해서 이해할 수 있다. 인간은 자연을 정복하여 자신의 땅을 만드는 과정에서 고통을 양산했다. 『계몽의 변증법』의 『오디세이아』 독해에 따르면, 그 출발점은 공포다. 자연에 대한 공포와 두려움으로 인간이 외부를 향해 휘두른 폭력이 인간 자신을 향해 휘둘러진 결과가 두 차례의 세계대전과 인종 말살인 것이다. 계몽을 거쳐 과학을 통해 지구를 바꿀 정도로 힘을 쌓은 인간은 자연이 주는 공포를 거의 잊어버렸다. 그 힘은 20세기 초, 세계대전으로 폭발하여 우리 자신이 우리를 어디까지 끌어내릴 수 있는지 보여주었다. 마찬가지로 인간은 오랫동안 자신의 힘에 취해 자연을 잊어버렸다가, 최근에야 기후위기를 겪으면서 자연의 위력을 다시 떠올리는 것처럼 보인다. 그러나 자연의 공포를 망각한 듯한 근대 이후에도 여전히 그것을 상기시키는 몇 가지가 있다. 그 가운데 감염병이 있다.

페스트의 포로가 된 인간들이여

가상의 도시 오랑에 갑자기 들이닥친 페스트로 인해 벌어지는 여러 사건을 담은 카뮈의 『페스트』는 코로나19 사태로 다시금 주목받았다. 페스트에 대응하는 여러 인물 군상의 서로 다른 모습은 감염병에 대처하는 모습으로도, 현대 사회에 만연해 있는 페스트 같은 문제를 상대하려는 노력으로도 읽을 수 있다. 작품이 공들여 묘사하는 대목 중 하나는 감염병이 발생한 후 도시의 변화다. 『페스트』의 3부는 명확한 등장인물 없이 사회학적 보고서의 형식으로 도시를 건조하게 기술하는데, 주로 세 가지 내용이 다뤄진다. 죽은 자들이 어떻게 매장되는지, 격리로 헤어진 연인들이 무엇을 느끼는지, 그리고 산 자들이 어떻게 폭력을 휘두르고 폭력의 희생자가 되는지.

페스트가 점령한 오랑에서는 여러 폭력 사건이 끊이질 않는다. 일단 방화가 계속된다. 밀접 접촉으로 격리되었다가 풀려난 사람들은 돌아와서 집에 불을 지른다. 그들은 자신에게 닥친 불행과 주변 사람을 잃은 슬픔으로 페스트를 말살하려 한다. 하지만 눈에 보이지 않는 균을 공격할 방법이 없자, 그 대신 집을 불태우는 것으로 페스트를 향해 (무의미한) 폭력을 가하려 한 것이다. 또 도시 출입문을 공격하고 빈집을 약탈하는 일이 일어난다. 총격전이 벌어지고, 절도범이 총살당한다. 사람들은 페스트가 창궐한 와중에도 당국이 제 기능을 하지 못하는 틈을 타 조금이라도 더 가지려 하고, 그러기 위해 폭력을 동원하는 것도 서슴지 않는다. 페스트가 아니었다면 질서 정연했을 도시 오랑과 친근한 이웃이었을 주민들은 감염병 때문에 무질서와 폭력에 휘둘린다.

『페스트』가 비록 20세기 중엽의 작품이라고 하나, 그 안에 등장하는 풍경에 이미 현대 도시의 요소들이 그대로 담겨 있다는 점에서 동시대 도시와 사회에 대한 비판으로 읽어도 충분하다. 작품 속 인물들이 페스트에 속수무책이던 것처럼 우리도 팬데믹에 어찌할 바를 모르고 허둥거렸다. 현대인은 의학 기술로 자신을 지킬 수 있으리라 믿어왔으나 팬데믹은 우리에게 억압된 공포를 다시 일깨우고, 사람들은 이를 손쉽게 처리하기 위해 혐오와 폭력을 활용한다.

이것이 현실 상황과 얼마나 유사한가와 상관없이 우리가 살펴야 하는 것은 폭력이 발생하는 이유다. 왜 오랑의 주민들은 자신과 타인에게 폭력을 행사하는가? 페스트의 무의미함, 즉 아무 이유 없이 도시를 덮친 페스트로 유형 아닌 유형 생활을 하게 된 이들의 좌절과 절망을 그 근거로 들 수도 있다. 하지만 『오디세이아』에서 읽어낸 바를 『페스트』에 적용하는 것도 충분히 가능할 것 같다. 억압된 폭력성의 귀환인 것이다. 다시 말해, 페스트의 공포가 그들의 잠들어 있던 자연을 일깨웠다. 감염병의 통제 불가능성은 자연을 지배하고 있다고 믿는 현대 사회에 다시 고대의 공포를 불러일으키고, 우리 안에 존재하는 다스릴 수 없는 자연을 무의식중에 깨닫게 한다. 하지만 자기 자신을 부정할 수는 없는 까닭에 이 공포를 '투사'할 대상이 필요하다. 그렇게 중국인, 성소수자, 이주민이 혐오의 대상으로 재탄생한다.

소위 문명인, 현대인이라고 말하는 자들은 다시 폭력에

호소한다. 그것은 주체와 타자 모든 방향으로 향한다. 『페스트』의 주인공들은 질병과 싸우는 한편, 인간이 인간에게 휘두르는 폭력에 맞서야 한다. 작품은 말한다. 우리에게 필요한 것은 영웅들, 자연을 폭력적으로 지배하는 승리자들이 아니라 패배자들의 연대다. 자연을 힘으로, 권력으로, 강제로 억누를 수 없음을 깨달았기 때문에 패배한 것처럼 보이는 사람들, 하지만 이제야 인간의 자리가 어디인지 찾고자 하는 사람들을 『페스트』는 요청하고 있다. 소설 속 인물들이 조직한 보건대, 영웅적 개인은 없으나 각자 자신의 역할을 묵묵히 수행하는 이들의 연결로 이뤄진 보건대는 연대가 무엇인지를 잘 보여준다. 하지만 질문이 남는다. 보건대가 보여준 연대를 어떻게 가능하게 할 것인가? 우리는 감염병의 공포 앞에서 어떻게 '인간'이 될 수 있는가?

함께 트라우마에서 벗어나기

트라우마란 개인이 견딜 수 있는 정도를 넘어선 정신적 외상을 가리킨다. 트라우마를 경험한 개인과 사회는 그 외상에 붙들려 병적 증상을 계속 경험하게 된다. 이런 트라우마는 정신 또는 의식이 처리할 수 있는 범위를 넘어서기 때문에, 트라우마를 경험한 자는 사건을 제대로 기억하지 못하기도 한다. 프로이트는 자유연상을 통해 그 사건을 표현할 수 있도록 도와줌으로써 증상의 치료에까지 도달하는 것이 가능하다고 생각했다.

트라우마 또는 정신적 외상은 거대한 사건으로 생길 수도 있지만, 사소한 사건의 누적으로 발생할 수도 있다.[5] 더욱이 주목할 만한 점은 그것이 꼭 실제의 경험이 아닐 수 있다는 것이다. 정신은 이전에 아무렇지도 않게 지나갔던 사건에 커다란 의미를 부여하기도 한다. 기억의 흔적에 의미를 부여하고 합리화하거나 재해석하는 과정을 프로이트는 '사후성'이라고 불렀다. 이후의 경험이나 해석에 의해 과거의 경험에 의미가 부여되기도 하고, 경험의 의미가 변하기도 하기 때문이다. 불현듯 과거의 일이 선명하게 떠올라 현재와 연결되는 것도 사후성의 경험으로 이해할 수 있다.

우리는 개인적으로나 사회적으로나 이런 사후성을 종종 경험한다. 역사에 대한 사회의 접근 방식이 변하고, 그것이 굳어져 우리에게 이전과는 다른 의미를 부여할 때, 일종의 집단적 사후성을 경험하게 된다. 그 과정은 꼭 좋은 방향으로 귀결되지는 않는다. 트라우마가 생성되기도 하는 탓이다. 『오디세이아』와 『페스트』를 통해 살펴본 자연과 인간의 대립, 감염병과 인간의 싸움, 공포와 폭력의 교환은 트라우마와 그에 대한 반응이기도 하다. 자연의 무자비함에 대한 흔적이 감염병이라는 사건으로 다시 깨어날 때, 그것은 트라우마가 되어 우리를 사로잡는다. 우리는 그것에 폭력적인 방식으로 저항하지만, 자연을 폭력의 대상으로 삼을 수는 없기에 폭력은 타인을 향하고 만다. 나는 이것이 꽤 그럴듯한 설명이라고 생각한다. 특히 질병을 향한 인간의 반응을 오랫동안 살펴온 나에게는 무자비하고 잔혹한 질병, 또는 자연이라는 우연이 가하는 필연적 고통의 경험을 표현할 언어를 갖지 못한 인간(그러므로 병원에서 의사소통의 단절이 생기는 것은 당연하다.)이 폭력으로 반응하는 현상을 잘 설명해주는 틀로 느껴진다.

코로나19는 다양한 층위의 폭력이 어렵지 않게 행해질 수 있음을 보여주었다. 특정 집단을 향한 혐오뿐 아니라, 코로나19 확진 판정을 받았다는 이유만으로 일자리를 잃은 사람들이 생겨났던 것처럼 확진자를 향한 폭력, 완치된 사람을 향한 폭력 역시 겪었다. 또 가족과 주변 사람, 사회를 향한 폭력이 늘어나고('코로나 레드'라는 조어를 떠올려보자.) 감염병을 이유로 폭력이 정당화되는 사태들(예컨대 정부가 개인의 정보를 제한 없이 수집하는 것도 하나의 폭력이다.)을 경험하기도 했다. 한때 동선 공개가 인권 침해라는 지적에 동의하지 않는 사람이 많았던 것도 하나의 예다.

이런 폭력의 원인을 감염병 자체에서, 감염병이 야기한 트라우마에서 찾을 수 있겠다. 서두에서 말했듯 이 폭력성이 분노의 분출이라거나, 질서의 붕괴에서 비롯되었다고 여기지 않는다. 병의 공포 앞에서 사람은 폭력을 휘두르게 되기 쉽다는 인식은 현재 벌어지고 있는 폭력을 정당화하려는 것이 아니라, 폭력에 대한 접근 방향을 바꾸어야 한다고 말하려는 것이다. 감염병이 야기하는 폭력을 직시하고 그 근원을 이해하는 것, 이를 통해 폭력을 정당화하는 대신 다른 방식으로 해소하고 해결할 방법을 찾는 것이 필요하기 때문이다.

개인이 감염병이 초래하는 트라우마와 공포를 대면하고 견뎌내기는 쉽지 않다. 어떤 면에서 개인의 자유를 우선시하는 개인주의적 가치가 팬데믹 대응에서 무력했던 것은 자유가 무용했기 때문이 아니라, 개인으로서는 감염병의 공포를 버틸 수가 없었기 때문일지 모르겠다. 함께하는 것이 대안이 될 수 있다면, 서로 손을 잡는 것이 공포와 맞서는 방법이라면, 『페스트』의 보건대가 보여주는 연대가 그 예시라 할 만하다. 질병이라는 불확실성을 비정상으로 치부하는 것이 아니라 인정하고 전적으로 껴안는 태도, 즉 최근 의료인문학에서 말하는 불확실성의 허용(tolerance to uncertainty) 또한 그 예가 될 수 있다. 그렇게 질병의 공포를 전면으로 인정할 때, 우리에게 폭력 대신 다른 반응을 내놓을 가능성이 생겨난다.

누가 학교 폐쇄를
결정하는가

팬데믹이 시작된 후로 아이가 처한 상황을 늘 염려하곤 했다. 아이가 혹여나 코로나19에 감염되어 아프지 않을까도 걱정스러웠지만, 부모가 둘 다 일하는 형편이다 보니 돌봄 서비스가 중단되면 아이를 의탁할 곳이 없었기 때문이다. 덕분에 아이는 유치원 긴급 돌봄을 개근했고, 밀접접촉자가 발생하여 아예 기관이 폐쇄될 때면, 출근한 아빠를 따라와서 몇 시간을 심심하게 보내야 했다. 이 정도면 유치원생인 우리 아이는 보육과 교육에 큰 어려움을 겪은 편은 아니다. 주변 초등학생 학부모들은 그야말로 악전고투를 경험했다. 학교에 가지 않는 아이들을 다잡아 컴퓨터나 태블릿 앞에 앉혀야 했고, 바깥 활동이 현저히 줄어든 아이들의 건강을 챙겨야 했다. 이 와중에 아이들의 교육 기회 축소를 걱정할 여력이 있었던 사람은 그나마 여유 있는 것이었을지 모른다.

닫힌 교문이 불러오는 문제들

사회적 거리두기를 바탕으로 한 코로나19 대응이 길어지면서 모두가 피해를 감수하고 있지만, 이 중 아이들이 입은 피해도 만만찮다. 교육, 특히 초등교육에서는 교과 내용의 전달 못지않게 단체 생활에서 상호작용을 습득하고 사회화 과정을 온전히 밟아나가는 것도 중요하다. 하지만 비대면 교육에서는 이것이 충분히 이루어지기 어렵다. 비대면 교육의 개발과 효과 진작을 위해 많은 교육자가 노력했으나, 비대면 교육에서 나타나는 교육 격차를 해결할 방도는 찾지 못했다. 서울교육정책연구소의 중학교 학업성취 등급분포 보고서를 보면,[4] 코로나19를 겪은 중학생의 학력 양극화가 심화된 것을 알 수 있다. 대학교에선 학생들이 비대면 수업의 질을 문제 삼아 등록금 반환을 요구한 적 있고, 현장에서도 학생들의 집중도가 떨어지는 것이 눈에 보일 정도다.

이렇다 보니, 사회적 거리두기를 강화해도 학교는 폐쇄

하면 안 된다는 주장이 제기되었다.* 일단 학교에서 감염이 일어나는 비율이 매우 낮았다.[2] 한국, 독일, 오스트레일리아에서 시행된 연구는 모두 학교를 여는 것이 코로나19 전파에 유의미한 영향을 미치지 않았다는 결론을 내렸다. 비대면 교육은 급식 중단으로 굶는 아이들의 증가, 저소득층의 교육 불평등 심화, 돌봄노동에 대한 가정의 부담 가중 등 명확한 한계를 지닌다. 이런 이유에 근거하여 닫힌 교문을 여는 일이 시급하다는 주장도 나왔다.[3]

이런 논의가 이뤄진 때는 2020년 후반기로, 소위 4차 대유행에 비해 코로나19 확진자가 많지 않던 시점이었다. 2021년 중반까지만 해도 이런 논의의 골조가 유지될 수 있었고, 교육부는 2021년 2학기부터 학교에 완화된 사회적 거리두기를 적용하여 학생들을 등교시키겠다는 결정을 내렸다.[4] 오미크론 변이가 우세종이 되고 확진자 수가 치솟은 2022년 초, 완전 등교의 방침은 한풀 꺾인 것 같다. 학생과 교사에게 자가검사키트를 배포해 등교 전 선제검사를 실시하고, 학교장 재량으로 수업을 줄이는 것을 허용하는 등 등교 정책을 유지하려던 정부는 3월 초 2주간을 적응 기간으로 운영, 원격 수업을 가능하게 했다.[5] 아동, 청소년 사이에서 확산이 이뤄지고 있는 상황에서 부모들의 걱정은 클 수밖에 없다.

---

* 오미크론 확산 이전의 분석이다. 2022년 3월, 학교를 통해 코로나19가 빠르게 확산했다.

다행히 어린이가 코로나19로 위중한 상태에 빠질 가능성은 여전히 낮다고 하지만, 학교를 열어야 한다는 주장과 결정이 적절한 판단이었는가는 다시 따져볼 필요가 있다.

정책 결정 과정에 물어야 할 것

등교 문제는 정책 결정 과정에 대한 문제의식을 논하기에 유의미한 주제다. 사실 학교 개방이나 폐쇄의 직접적 결과는 잘 드러나지 않는다. 정상 등교를 해야 한다는 쪽에서 주장하는 근거들과 등교 중단 입장에서 주장하는 근거들은 통계치로 증명하기 쉽지 않다. 예를 들어, 학교 폐쇄에 따라 아동의 교육 수준이 질적으로 저하한다는 주장을 어떻게 증명할 수 있을까? 온라인 교과 학습 외의 배움이 이뤄지지 못하면서 생겨나는 문제를 어떻게 객관적으로 밝힐 수 있을까? 반대로, 학교를 개방하면 학교가 코로나19 확산지가 된다는 주장은 어떤가? 이 모두는 수치나 증거로 명확하게 확인하기 어려운 문제다. 즉 등교에 관한 지침은 과학적 증거보다는 윤리적, 정치적 고려를 따르는 대표적인 사안이다. 다시 말해 서로 다른 의견과 입장, 이해관계를 수렴하고 합의를 끌어내는 게 무엇보다 중요한 사안 중 하나라고 할 수 있다.

교육 문제에 얽혀 있는 이해 당사자들은 등교 여부에 관한 문제를 서로 다르게 바라본다. 등교를 유지해야 한다는 논리는 분명하다. 코로나19와 함께한 2년, 학교가 열었다 닫았다 하기를 반복하는 동안 누적된 교육 문제는 아이들에게 고스란히 피해로 남을 것이다. 아이들에게 코로나19 감염이 큰 피해를 남기지 않고, 이미 고위험군과 일선 교육 담당자 등 관련 직군 종사자의 백신 접종이 완료되었다면, 학교를 닫을 이유가 없다고 본다. 하지만 교사의 관점은 다르다. 마스크를 쓰고 가림판 뒤에서 이전과 같은 교육의 질을 보장하기 위한 노력은 교사에게 상당한 부담으로 작용한다. 2020년 6월 한 교사가 코로나19 관련 업무 등으로 과로사했음을 기억할 필요가 있다.[6] 보건 당국의 관점에서는 다른 측면이 보인다. 코로나19 감염이 아이에게 큰 피해를 주지 않더라도, 아이를 매개로 한 감염 확산이라는 위험이 있다. 전체 감염자 수를 최소화하기 위해 빠른 검사와 격리를 원칙으로 하는 보건 당국이 등교를 찬성하기는 쉽지 않다.

실제 정책 결정 과정이 이렇듯 다양한 의견을 원활하게 수렴하는 것 같지는 않다. 등교 문제의 경우 학교 방역 수칙의 수준을 포함해 학교를 열지 말지를 결정하는 것만이 전부라고 여겨지는 경향이 있다. 각 당사자의 의견을 반영하거나 반론을 고려하는 등 정책에서 시민의 참여를 다루는 부분은 논의에 포함되지 않는다. 따라서 왜 우리의 정책 결정 구조에는 시민의 참여가 보장되어 있지 않은지 질문해야 한다.

후견주의적 보건의료 정책의 문제점

전통적으로 정부는 정책 결정권을 가지고, 공청회 등으로 전문가와 시민사회의 의견을 일부 참조하되 필요한 사안의 정책화 과정을 주도적으로 시행했다. 여론 조사 결과를 확인하고 전문가 의견을 청취하는 선에서 정책을 추진하는 것이다. 시민들이 잘 알기 어려운 사안에 대해 의견을 묻는 경우 좋은 답변이 나오기 어렵고, 인상 청취로 끝날 때가 많다 보니 이런 노선이 유지되어오기도 했다. 특히 국가와 전문가가 함께 후견적 또는 가부장적 입장을 견지해온 보건의료 정책에선 그런 경향이 더더욱 강했다. 이런 후견주의적 개입, 즉 정부(또는 그에 상응하는 '어른')가 상대방에게 이득이 되는 결정을 내리고 수행하는 방식은 보건의료 정책에서 당연한 것으로 받아들여졌다. 이를테면, 헌법은 국가가 국민의 보건을 보호하라고 명한다. 보건의료 영역은 명확히 국민에 대한 국가의 후견적 보호 모형을 따라온 셈이다.

서구적 보건의료 정책이 한국 사회에 빠르게 정착한 요인이기도 한 가족계획이나 기생충 검사 같은 국가사업이 보건의료에서의 후견주의적 개입의 대표적인 사례다. 더 일반적으로는 일원적 의료보험 제도 운용을 뒷받침하는 건강보험심사평가원의 건강보험에 관한 정책 및 심사 과정을 들 수 있다. 이 기관은 사회의 이득을 최대화하는 방향으로, 다시 말해 의료보험 재정의 소모를 최소화하는 가운데 그 효과를 극대화하는 방향으로 정책을 결정하며, 건강과 질환에 대한 시민 각자의 가치나 원칙의 차이 같은 것은 고려하지 않는다.

그러나 어른이 아이를 위해 결정해준다는 식의 정책 결정은 일단 윤리적으로 문제가 된다. 시민의 결정권을 무시하고 국가가 결정해야만 하는 뚜렷한 사유가 없다면, 가부장적 결정을 피하고 시민이 결정할 수 있도록 돕는 방법을 마련하는 것이 옳다. 또한 후견주의적 입장에서 결정·시행된 정책은 현실에서 받아들여지기 어렵다. 다수의 이익이라는 명분이 어떤 결정을 관철하는 동인이 되던 시절에는 정부의 빠른 정책 결정이 여러모로 도움이 되었다. 그러나 각자가 다양한 관점과 견해를 가지고 사태에 참여하는 다원주의 사회에서 특정한 의견이 정책 결정을 독점하는 것은 반감을 사기 마련이다.

코로나19 팬데믹은 2022년에도 진행 중이므로 관련 정책 결정을 평가하기는 어렵다. 그렇다면 오늘날의 사안에 참고할 수 있는 과거의 정책을 살펴보자. 보건의료 분야에서 의사 결정 과정이나 방식의 변화를 잘 보여주는 정책으로 수돗물 불소농도 조정사업이 있다. 이 사업은 구강 건강 불평등을 줄이기 위해 도입되었으나, 정부와 전문가의 후견주의적 결정이 시민의 반대에 부딪혀 결국 사업의 잠정 중단으로 이어진 대표적 사례라 할 만하다.

그 보건사업이 환영받지 못한 이유

충치의 예방에는 불소치약이 사용된다. 우리가 사용하는 치약에는 대개 미량(~1000ppm)의 불소가 함유되어 있다. 불소는 치아 표면을 일정 수준 단단하게 만들어, 세균이 산을 내뿜어도 부식되지 않고 버틸 수 있게 만든다. 불소의 효능이 처음 밝혀진 미국에서 수돗물에 미량의 불소를 첨가하는 수돗물 불소농도 조정사업이 시작되었다. 지역 주민의 충치 발생 및 구강 질환을 예방하고 구강 건강 격차를 감소시키려는 목적이었다. 일반적으로 저소득층은 치과 치료를 받기가 상대적으로 더 어렵고, 그 필요에 대한 인식이 낮으며, 소득 수준이 낮을수록 탄산음료처럼 치아에 나쁜 음식을 많이 섭취하는 경향이 있기 때문이다.

하지만 이 사업이 어디에서나 환영받지는 못했다. 수돗물에 불소를 넣는 것을 문제 삼는 사업 반대론자들이 생겨나기 시작했다. 아무리 미량을 넣는다고 해도 독극물인 불소가 여러 질병을 일으킬 위험이 있다고 주장했다. 심지어 해당 사업이 핵 연구시설에서 노출된 불소를 무마하기 위한 것이라는 음모론까지 등장했다. 무리한 문제 제기였지만, 결국 수돗물 불소농도 조정사업을 시행하는 지역은 줄어갔다.

국내의 경우, 1981년 진해에서 시작된 사업은 2002년 32개 지역 36개 정수장으로까지 확장되었으나 민원제기, 시설 안전 점검 미흡 등으로 현재 모든 지역의 수돗물 불소농도 조정사업은 중단된 상태다.[7] 사업에 적극적이지 않았던 보건복지부가 원인이라 생각할 수도 있지만, 전 세계적 경향과 일치한다는 점에서 꼭 보건 당국의 문제만은 아니다. 수돗물 불소농도 조정사업에서 알 수 있는 것은 후견주의적 보건의료 정책의 한계다. 이 사업이 좋은 의도와 공적 유용성, 크지 않은 사업 비용에도 불구하고 잠정 중단이라는 사태를 맞이했던 이유는 찬성과 반대 의견을 함께 듣고 고려할 수 있는 공간을 마련하지 못한 의사 결정 과정의 한계였다. 유용성과 안전성, 효과성이 증명되었다고 해도 정부 또는 전문가의 일방적인 정책 시행은 받아들여지기 어렵다.

수돗물 불소농도 조정사업을 다시 시작하려면, 이를 추진하려는 이들은(주로 치과 전문가 집단일 것이다.) 이 제도의 필요성을 사람들에게 홍보하고 설득하는 데서 출발해야 할 것이다. 나아가 이 사안을 논하고자 모인 사람들의 가치를 구현하는 방향으로 제도를 제안해야 한다. 이런 제도 운용의 근거와 정책 방향이 누구나 접근 가능한 형태로 명확하게 밝혀져 있어야 함은 물론이다. 또 이의 제기를 수용하고 문제를 논의해 정책을 개정할 수 있는 기구가 제도 자체에 마련되어 있어야 한다.* 보건의료 정책에서 이해 당사자들이 각

---

* 이것을 의료윤리학에선 합리성에 따른 설명책임(accountability for reasonableness)이라고 부른다. 노먼 대니얼스와 보건학자 제임스 사빈(James

자의 상황이나 인식에 따라 다른 견해를 취할 수 있다는 점을 염두에 두는 것이 중요하다. 이런 맥락에서 팬데믹과 등교 문제를 정리해보면, 정상 등교와 거리두기 지침 강화를 두고 정책을 결정하는 일은 교육 기회와 방역 기회를 서로 교환하는 것으로 이해할 수 있다. 즉 교육 기회를 낮추는 대신 방역 기회를 높이는 것(또는 그 반대)이다. 그렇다면 교육 기회의 이득과 손해, 방역 기회의 이득과 손해 각각을 따져보고 그것이 배분되는 양상에 따라서 결정을 내리는 문제로 볼 수 있다.

우리는 시시각각으로 변화하는 상황에 빠르게 대응하면서도 가부장적 태도를 버리고 다양한 관점과 주장에 귀를 기울일 수 있다. 이런 태도와 방식이 보건의료 정책에서 특히 중요한 이유는 보건의료의 일이 국가 또는 인구 차원에서 논의되더라도 결국 모든 개인에게 영향을 미치기 때문이다. 보건의료 정책은 이제 인구 차원의 고려와 개인 차원의 고려를 분리하는 이전의 '보건학 대 의학'의 틀을 유지하기 어렵다. 더 이상 집단의 이름으로 개인에게 손해를 강요하는 것, 또는 개인의 권리만 우선시하여 집단의 피해를 당연시하는 것

E. Sabin)이 전개한 합리성에 따른 설명책임은 적절성(relevance), 공지성(publicity), 항의와 개정(appeals and revision), 강제성(enforcement)으로 구성된다. 이들은 이 네 가지 요소가 공정한 보건의료 정책 설정을 위한 틀이 된다고 주장한다.

을 정당화하기도 어렵다. 아직은 좁혀지지 않은 보건학과 의학 사이의 간극을 연결하고, 집단적 이익 및 유용성과 개인 권리의 최소 침해가 모두 실현될 수 있는 방향으로 정책을 결정해야 하는 시점이다.

학교를 열어두기 위한 준비

코로나19 상황에서 학교 문을 열어야 할 정당한 이유가 있다. 하지만 등교 유지 시 확진자가 속출할 수 있다는 불안감을 표시하는 쪽의 의견도 그저 억측이라고 할 것은 아니다. 무증상 감염 등 코로나19의 특성을 고려하여 신중해야 한다는 정부 당국의 고민도 충분히 따져봐야 한다. 초중등교육과 달리, 대학에선 학생들이 비대면 수업을 요구하기도 한다.[8] 게다가 인천의 한 초등학교에서처럼, 델타 변이는 청소년 사이에서도 빠르게 확산되어 2020년의 확산 양상만으로 판단을 내릴 수 없다.[9] 2022년, 오미크론이 학교를 통해 빠르게 확산했지만, 그렇다고 학교 폐쇄가 답이었는지는 알기 어렵다.

코로나19는 그리 쉽사리 해결되지 않을 것이다. 이 점을 인정한다면, 우리는 방역 정책을 수행하면서도 어떻게 일상에서 필요한 것들을 유지해나갈지 결정해야 한다. 팬데믹 속에서 사회적 건강을 추구한다면, 교육 시스템 또한 어떤 방식으로 유지할지 더 고민할 필요가 있다. 학교 문을 여닫는 문제는 단지 교육에만 국한된 논의가 아니다. 2021년이라면, 아직 백신을 맞을 수 없는 아이들*이 건강한 삶을 누리기 위한 제반 요건을 어떻게 결정할 것인가에 관한 논의가 필요했다. 이를테면 미국은 2021년 4월 화이자 백신을 12세 이상 청소년에게 접종하는 것을 허가했고, 이스라엘은 청소년에게 백신 접종하는 것을 넘어 2021년 8월 공공장소에 출입할 때 3세 이상의 아동은 모두 백신 접종 확인서(Green Pass)를 제출할 것을 의무화했다.[10] 청소년에게 백신 접종 정보를 제공하는 것은 아무런 문제도 없으나 접종이 강제될 때 그것은 비윤리적인 정책이다. 이런 상황에서 우리는 어떤 방식을 거쳐 결정을 내리고, 이행 과정에서 시민의 참여를 요청하고, 반론을 수용해갈 것인가? 현실적으로도 윤리적으로도 옳은 해결책은 정부의 강제보다는 시민의 참여다.

감염병이 우리 삶을 위협할 때마다 학교에 대한 논의를 처음부터 반복할 수는 없다. 시민의 참여에 기반을 둔 지속 가능한 정책의 틀을 만들어 상황에 따라 대처할 수 있으려면 지금부터 시작해야 한다.

---

* 어린이와 청소년은 취약한 연구 대상자이기 때문에 백신이나 치료제의 개발에서 언제나 후순위로 밀릴 수밖에 없다. 일단 시험 환경에서 이들의 안전을 확보해야 하기 때문이다.

10 코로나 시대의 죽음

감염병을 예방하거나 그 피해를 최소화하기 위한 백신의 수급 불균형이 일어나는 경우가 종종 있다. 코로나19 백신은 국내 도입 초기 공급량이 충분치 않아 코로나19 취약시설 입소자 및 종사자, 고령층, 만성질환자 등의 순서로 접종이 이루어졌다. 또한 1차 대응요원, 의료기관 및 약국 종사자, 군인·경찰·소방 등 사회 필수 인력, 특수교육·보육 인력, 돌봄 종사자 등이 대표적인 우선 접종 직군이었다. 감염병에 대응하는 직무 수행 중 감염병의 전파 가능성을 방지하고 이들을 감염병으로부터 보호하기 위해서다.

미국에서는 백신 접종 우선권이 주어지는 직종에 장의사가 포함되었다. 2004년 미국에서 생산 공장 가동 중단으로 갑작스레 독감 백신 부족 사태가 발생했을 때 마련된 독감 백신 대응 계획[1]에 따르면, 장의사는 백신 제조 노동자, 응급 의료인, 고위험군(1차 접종 대상자), 65세 이상 노인, 의료기관 종사자(2차 접종 대상자)에 이어 세 번째 백신 우선 접종 대상자다. 전미과학공학의학한림원(National Academies of Sciences, Engineering, Medicine)이 2020년 10월 발표한 코로나19 백신 공급 계획[2]에서 장의사들은 아예 고위험 의료인 집단과 함께 우선 접종 대상자로 선정되었다. 이런 결정은 미국이 장의사를 특별히 대우해서가 아니라, 감염병이 지닌 특수성 때문이다. 일반적으로 감염병에 의해 사망한 이의 시체*는 여전히 타인을 감염시킬 위험을 지니며, 따라서 숙련된 자의 빠른 처리를 요한다. 장의사의 백신 접종을 서두르는 것이 타당성을 부여받은 연유다.

그만큼 감염병 사망자의 시체는 독특한 위치에 놓인다. 그것은 오랜 법적, 윤리적 논의의 교차점이자 '죽음의 효율

---

* 시체(屍體)는 죽은 사람의 몸을 이르는 말이며 송장과 같은 의미로 쓴다. 반면 시신(屍身)은 송장을 점잖게 이르는 말로 보는 경우가 있는데(김철호, 『언 다르고 어 다르다』(돌베개, 2020)), 이는 적당한 구분은 아니다. 살아 있는 사람을 대상으로 하는 표현일 때, 신(身)이 인격을 포함하고 체(體)는 몸을 가리키는 표현이라는 구분은 어느 정도 타당하지만, 죽은 이후에도 인격, 즉 개인의 법률적 자격이 연장되는 것은 아니다. 따라서 시신이라는 표현이 인격을 포함해 보다 존중의 의미를 표현한다고 보는 것은 잘못이다. 여기에서 시체라는 표현을 쓰는 것은 죽음 이후의 몸을 그 자체로 존중하기 위한 것임을 밝혀둔다.

적 처리'에 대한 물음이다. 또한 우리가 지금 죽음을 어떻게 바라보는지를 알려주는 공간이기도 하다. 여기에서는 세 가지 문제를 차례로 살펴보고, 그것들을 관통하는 코로나19 이후의 죽음에 관해 다뤄보고자 한다. 죽음에 대한 우리의 이해는 코로나19를 계기로 어떻게 바뀌고 있을까?

성스럽고 더러운 시체

시체는 물건일까? 법적 정의에서 물건이란 개인이 소유할 수 있는 대상을 말한다. 몸은 물건이 아니다. 물건은 매매의 대상이지만 사람의 신체는 매매의 대상이 되어선 안 되기 때문이다. 가령 몸을 사고팔 수 있다면 장기 매매도 가능해질 것이다. 그 연장선상에서 시체도 물건이 아니라고 볼 수 있지만, 문제는 그렇게 단순하지 않다. 예컨대 부모의 무덤 이장 과정에서 자녀들 간의 분쟁이 생길 수 있다.[3] 이때 어느 한 자녀에게 결정권을 주려면, 시체가 물건임을 인정해야 한다. 법원은 시체가 제사용 재산임을 명시하고, 피상속인에게 승계된다고 판결했다.

법령이 정비되지 않아 시체가 아직 처분의 대상이 아니었던 19세기 초 영국에서는 시체 도굴꾼이 극성을 부렸다. 의학, 특히 해부학이 발전하면서 시체에 대한 수요가 늘었지만, 구할 수 있는 곳은 한정되어 대학이 시체를 사들이던 때였다. 물건이 아닌 시체를 땅에서 파내는 것은 빈 땅을 파는 일과 법적으로 차이가 없었고, 따라서 시체를 도굴해 대학에 팔아넘기는 것에도 아무런 법적 하자가 없었다.*

하지만 거꾸로 시체가 물건임을 인정하면 인간 신체가 물건이라는 것을 인정하지 않기도 어려워진다.** 당장 시체와 신체의 차이가 무엇인지 말하기 어렵다. 물론 심장 박동이나 뇌의 활동에 따른 차이라고 할 수 있지만, 신체 각부 수준의 활동 여부 측면에서는 기준이 되기 어렵다. 조직이나 구성의 수준에서, 시체의 손과 신체의 손에는 아무런 차이도 없는 것이다. 게다가 뇌사자(腦死者)의 경우를 끌어들이면 신체 기관의 활동을 기준으로 한 구분은 무의미해진다. 사망했

---

* 1832년 영국은 해부학 법(Anatomy Act)을 발효하여 해부 자격자를 설정하고, 기증된 시체만 해부할 수 있도록 규정했다.

** 장 피에르 보의 『도둑맞은 손』(김현경 옮김, 이음, 2019)은 신체가 물건이 아니라는 이해가 민법의 오류라는 주장을 법제사(法制史)적 관점에서 설득력 있게 제기한다. 보는 기계에 손을 절단당하고 기절한 누군가를 발견한 그의 원수가 절단된 손을 태워버린 경우, 그를 처벌할 수 있는지를 물으며 만약 몸이 물건이 아니라면 손을 태운 자를 처벌할 근거가 없다는 문제 제기에서 출발하여, 몸이 물건의 영역에 들어오지 못한 역사를 로마법까지 거슬러 올라가 분석한다. 그는 몸이 물건임을 인정하되, 매매할 수 없는 특별한 물건으로 설정하는 것이 현대의과학이 제기하는 여러 법적 문제를 효과적으로 해결할 방법이라고 제시하였고, 그의 주장은 이후 여러 법학 논의에 영향을 미쳤다. 하지만 여전히 살아 있는 사람의 신체는 물건으로 인정되지 않는다.

다고 인정된 뇌사자의 몸에서 심장은 여전히 뛰고 있다. 생과 죽음의 구분은 생각보다 상당히 자의적이다.

이런 복잡한 상황이 연출되는 것은 신체/시체가 지닌 복합성 때문이다. 신체는 영혼 또는 정신이 깃드는 곳으로서, 다른 것과 교환할 수 없는 종교적 신성함 또는 세속적 존엄성(dignity)을 지닌다. 시체는 한때 영혼-정신이 머물렀던 신성성/존엄성*을 그대로 유지한다. 하지만 신체/시체는 무척 위험하고 더러운 것이기도 한데, 바로 그 몸이 감염병을 매개하기 때문이다. 성경 등 여러 고대 경전은 상당히 공을 들여 먹을 수 없는 음식을 구분하거나 특정한 상황에 처한 사람을 제사장의 관리 아래 놓는 규정을 제시한다. 현대의학의 관점에서 이런 규정은 감염병 관리 지침이라 할 만하다. 이를테면, 성경은 '나병'**환자가 별도의 공간에서 생활하도록 하고 제사장이 그의 회복을 판정하도록 정하고 있다. 이때 환자는 종교적 의미에서 '부정(不淨)'한 것으로 여겨지는데,

* 존엄성은 이것이 인간 고유의 가치임을 주장한 칸트 이후에 본격적으로 등장하는 개념이다. 그렇다면 칸트 이전 시대 인간 고유의 가치는 무엇이었을까? 시대마다 다르지만, 중세에는 신성(神聖)이었다. 신의 모습으로 만들어지고 신이 부여한 영혼을 가진 인간은 동물과 달리 신성을 지니고 그것이 인간에게 가치를 부여한다고 생각했다. 그러나 종교의 쇠퇴와 함께 이런 사상이 위축되었고, 칸트는 그 자리를 존엄성으로 채우고자 했다. 따라서 신성성과 존엄성은 같은 위치에 놓인다.

** 「레위기」 등에 등장하는 '나병'이 현재의 한센병과 같은 것인지 의심스러운데, 감염성 피부병 일반을 일컫는 표현이라고 보아야 할 것이다.

이는 감염병에 걸린 신체의 부정성을 효과적으로 표현한다. 시체와의 접촉도 매한가지로 부정한 일로 간주하며, 종교적 관습의 관리하에 두고 있다. 이는 시체로부터 혹시라도 옮겨 올 수 있는 감염병에 대한 관리 정책으로 읽을 수 있다.[*] 즉 종교적 관점에서 신체/시체는 신성한 동시에 부정하고, 그 부정함은 감염병에서 비롯한다.

한 대상의 신성하면서 부정한 상태는 모순적 또는 역설적 상황을 야기한다. 그래서인지 법은 인간과는 차이 나는 개념인 인격(人格)을 창조해 법의 대상으로 삼고, 정신이나 신체는 직접 다루지 않는 전략을 취한다.[4] 한편 종교의 영역에 남아 있던 신체는 점차 의학의 손으로 넘어간다. 또한 근대국가가 국력과 부의 토대가 되는 인구의 관리를 목적으로 한 앎의 활용, 즉 생명정치(biopolitics)의 전면적인 활용을 택하면서 신체/시체는 점점 효율적인 처리의 대상이 되어간다. 이것을 극단적으로 보여준 실례는 홀로코스트라는 대량학살, '더러운 신체'로 가정된 타자의 효율적인 처리를 위해 마련된 인간 살육 공장일 것이다.

---

* 이를테면, 이스라엘 민족의 법규를 제시한 「민수기」 19장은 시체에 접촉한 자는 이틀 동안 부정하며, 자신을 정결하게 한 다음에야 다시 종교 생활을 재개할 수 있다고 말한다. 다른 해석도 가능하지만, 의학적 관점에서 본다면 이틀의 기한은 감염병의 발생 여부를 관찰하는 기간이라고 생각해볼 수 있다.

가장 효율적으로 처리되는 죽음

행정적인 면에서 성공적인 일 처리에도 불구하고 당시 절차상에 있어서 겉으로 드러나 보이는 면들이 불쾌감을 유발한다는 이유로 도청은 가족들로 하여금 장례 과정에 참여하지 말라고 종용했다. 가족들에게는 단지 공동묘지 정문 앞에 오는 것까지만 허용되었는데, 이 역시 공식적인 절차는 아니었다. 왜냐하면 절차상 마지막 의식과 관련해서 사정이 조금 달라졌기 때문이었다. 공동묘지 제일 안쪽으로 향나무들이 들어차 있는 공터에 거대한 구덩이가 두 개가 파여 있었다. 하나는 남자용이었고 다른 하나는 여자용이었다. 이런 측면에서 본다면 행정당국은 예법을 존중하고 있었던 셈인데, 훨씬 더 시간이 흐른 뒤 사정이 어쩔 수 없게 되자 이와 같은 마지막 수치심마저도 사라져버렸다. **체면 따위는 아랑곳하지 않은 채 남자건 여자건 가리지 않고 뒤죽박죽으로 쌓아놓고 흙으로 덮어버렸다.** 그나마 다행스러운 것은 이러한 극도의 혼란이 재앙 마지막 기간 동안에만 나타났다는 점이다(강조는 인용자).[5]

별다른 특징 없는 현대 도시 오랑을 덮친 페스트와 그것이 야기한 혼란을 다루는 알베르 카뮈의 소설 『페스트』의 한 대목이다. 감염병으로 사망자가 급증하자 당국은 가장 효율적인 시체 처리 방법을 내놓는다. 마지막까지 유일하게 남은 것은 남녀의 구별이었지만, 결국 "마지막 수치심"마저 사라지고 시체는 "뒤죽박죽"으로 쌓인다. 이런 장례 절차의 변화는 신체/시체의 신성-부정의 축이 어떻게 이동하는지 보여준다. 예법의 대상으로 예우받던 신성한 시체는 감염병에 의해 부정한 것으로, 어떻게 다루어도 상관없는 대상이 된다.

뒤죽박죽 쌓인 시체의 모습은 감염병이 우리에게 어떤 인식을 강요하는지 극명하게 보여준다. 신체는 신성하지 않다. 우리 몸은 물건에 지나지 않는다. 그것은 타인에게 감염을 매개하는 중간 경로의 역할을 수행하며, 따라서 그에 걸맞은 대우는 관료적 효율성을 동반한 기계적인 처리일 뿐이다. 즉 감염병은 우리에게 신체/시체가 더럽고 위험한 대상임을 일깨우는 가장 강력한 사건이다. 이런 인식은 문화의 베일을 벗겨내고, 인간적인 것의 포기를 강요한다. 시체, 이미 죽은 자에게 예를 차릴 필요가 있을까? 신체, 곧 죽을 자의 그릇인 그것을 존중할 필요는 뭘까? 이 근원적인 불편함을 억지로 추동해 정치 전략으로 활용한 것이 나치였고, 지금 곳곳에서 자라나는 타 인종과 민족을 향한 혐오에서도 찾아볼 수 있다.

우리 사회는 『페스트』가 그려내는 '비공식'적인 무분별한 매장보다는 세련되고 체계적인 방침을 도입한다. 멸균, 밀봉 처리를 거쳐 시체를 장사(葬事)하는 방식을 법률로 정해놓았다. 2015년 메르스를 지나면서 우리는 '감염병의 예

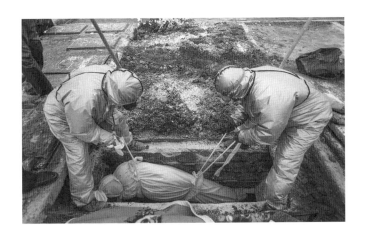

코로나19 확산이 가파르게 증가하던 시기 이란에서 임시 매장되고 있는 시체.

방 및 관리에 관한 법률' 제20조의2 '시신의 장사방법 등'을 신설했다. 해당 조항은 질병관리청장이 감염병 환자가 사망했을 때 장례 방법을 제한할 수 있다고 밝힌다. 또 2021년 2월 개정된 '코로나바이러스감염증-19 사망자 장례관리 지침'[6]은 "노출 최소화 방식으로 시신을 처리"하도록 규정한다. 따라서 시체는 "150마이크로미터 두께의 누출방지 비닐백에 넣고 밀봉하여야 하며", "비닐백에 넣은 시신은 다시 시신백에 넣고" 소독 처리한다. 이런 위생적인 처리 방법은 『페스트』식의 무더기 매장보다는 나아 보이지만, 두 방식 모두 시체를 부정한 것, 더럽고 위험한 것으로 다룬다는 점에서는 대동소이하다. 동시에 이런 식의 시체 처리법이 예에 어긋나거나 불편을 자아낼 수 있지만, 그 자체에 도덕적인 문제가 있다고 할 수는 없다. 코로나19와는 별개로 감염병을 매개할 수 있는 시체를 다루는 다른 방식을 우린 알지 못한다.

감염병은 시체를, 나아가 우리의 신체를 다시 생각하게 한다. 단지 죽은 이에 대한 경의나 예우를 표하는 차원의 문제가 아니다. 시체를 어떤 식으로 처리하든 우리는 합당한 장례 절차를 치르고 떠난 이를 애통해하고 애도할 수 있다. 그러나 시체가 위험하고 더러운 것으로 표상될 때, 나의 신체도 그와 다르지 않게 인식된다. 둘은 결국 같은 몸이다. 생명(생물학), 인격(법), 영혼(종교)이라는 개념이 신체와 시체를 구분 짓고 있지만 우리는 그 같은 개념이 무엇인지 정확히 알지 못한다. 다시 말해 팬데믹은 신체와 시체가 명확히 구분될 수 없다는 사실, 그 경계는 언제나 이미 흐릿하다는 사실을 상기시킨다. 그리고 바로 그것이 거부감을 낳는다. 존중의 대상이었던 시체는 이제 그 문화적 지위를 상실한다. 팬데믹이 야기한 얼굴 없는 장례 정책에 사랑하는 이를 얼굴도 보지 못하고 떠나보내야 했던 상황에 사람들이 표한 분노에는 이러한 상실과 문화의 후퇴에 따른 불안과 두려움이 영향을 미쳤을 것이다.

그 해결책이 신성한 신체와 부정한 시체를 구분해내는 것은 아닐 테다. 반대로 신체와 시체가 신성성과 부정성을 동시에 지니고 있음을 받아들여야 할지도 모르겠다. 특히 감염병 앞에서, 남의(나의) 신체/시체가 나를(남을) 위협하는 삶 속에서 우리는 몸의 신성함과 부정함을 이분법으로 나눌 수 없다. 이러한 신체/시체의 이중성을 받아들일 수 있으려면, 시체를 신성하게만 여기는 전통적인 방식과 부정하게만 여겨 기계적으로 처리하는 방식 모두에서 벗어나야 할지 모른다. 신성성과 부정성은 각자 자신의 방식으로 실체를 지운다. 알다시피 신성성(존엄성으로 바꾸어도 상관없다.)은 물질적 차원을 배제한다. 가장 신성한 존재라고 말할 수 있는 신은 물질적 차원을 결여한다. 한편, 앞서 살펴본 것처럼 부정성 또한 가장 효율적이고 빠른 방식으로 그 대상을 말소하게 만든다. 그리고 시체에 대한 이런 관점은 우리가 죽음을 바라보는 현대적 관점, 죽음의 '의료화'*와 그대로 일치한다.

죽음의 자리를 허락하지 않는 시대

죽음을 겪는 방식은 많은 변화를 겪었다. 1인 가구와 고독사의 증가는 앞으로 개인들이 맞게 될 죽음에 대해 고민하

---

* 의료화란 이전에는 의학적 문제로 여기지 않았던 사건, 사태, 증상을 질병으로 분류하거나, 의료적 개입이 필요한 문제로 처리하여 의학적 치료만이 그 해결책이라고 생각하는 과정을 가리킨다.

게 한다. 그러나 현대 사회는 자신의 죽음에 관해 질문하고 생각하지 못하도록 죽음을 가려놓는다. 연명의료 결정제도* 도입과 함께 관심을 끌기 시작한 죽음 담론, '죽음학'은 죽음이 무엇인지, 어떻게 죽음을 잘 맞이할 수 있을지 설명하고 같이 생각할 것을 사람들에게 청한다. 그러나 죽음학은 죽음에 대한 윤리적인 태도를 가져야 한다는 주장, 죽음을 진지하게 받아들이고 회피하지 말아야 한다는 주문 이상을 말하지 못하고 있다. 죽음이 사회에서 어떻게 대접받아야 하는가를 다루지 못하는 탓이다.

사회학자 노르베르트 엘리아스(Norbert Elias)는 고전이 된 『죽어가는 자의 고독』에서 말한다. "오늘날 죽음은 '배제되었다'고들 한다."[7] 죽음은 개인적, 사회적 차원 모두에서 배제되었다. 개인은 현대 기술이 주는 불멸의 환상으로 죽음을 망각하고자 하며, 사회는 의료화를 통해 죽음을 표백하여 지워버린다. 과거 죽음을 앞둔 이는 자연스럽게 가족과 함께 죽음을 맞았고, 죽음의 자리는 집이었다. 그러나 이제 우리는 병원에서 고독하게 죽음을 맞는다. 죽음을 보기조차 쉽지 않다. 그리고 엘리아스는 이런 배제의 과정 때문에 죽어가는 이와 함께해줄 사람이 없다고 말한다. 누가 물리치고 싶은 죽음에 가까이 가려 하겠는가. 우리 삶 어디에서도 죽음의

---

* 더는 회복 가능성이 없는 환자가 추가적인 연명의료를 받을지 여부를 결정할 수 있도록 절차를 마련한 것이 연명의료 결정제도다.

자리를 찾아보기 어렵다. 죽음은 벗어나거나 잊어버려야 할 대상이다. 시체가 유발하는 양가감정과 같은 맥락에 놓인다. 젊음의 이상을 강조하는 사회는 죽음과 시체를 잊고 삶이 영원하리라는 환상 속에서 살아갈 것을 제시한다. 더구나 코로나19의 방역적 실천은 죽음을 지우려는 노력이기도 하다. 감염병으로 사망한 이들은 사망자 수로 치환되고, 낱낱의 죽음은 보도되지 않는다.(백신 접종 후 신고된 사망자가 대서특필되는 것과 비교하면, 그 현격한 온도 차는 당황스러울 정도다.)

하지만 코로나19를 비롯한 감염병은 우리에게 '여기 죽음이 있음'을 알려주는 역할을 한다. 감염병으로 인한 시체의 강렬한 물질성은 메멘토 모리(memento mori, 너의 죽음을 기억하라)라는 경고이기도 하다. 그렇기에 앞서 살펴본 효율적인 신체/시체 처리 전략은 현대적인 죽음의 망각과 공모한다고 보아도 무방하다. 왜 대량의 시체는 빠르게 매장되어야 하는가? 감염병 시체는 비닐백에 담겨 의료용 폐기물로 처리되어야 하는가? 심지어 시체로부터 코로나19가 감염될 수 있다는 증거가 없음에도,* 우리는 코로나19가 품은 죽음의 위협도 떨쳐버리려는 듯 선제적으로 시체를 밀봉한다. 그러나 우리가 그토록 잊고 싶어 하는 죽음은 비닐로 싸고 소독

---

* 중앙방역대책본부는 2022년 1월 27일부터 '코로나19 시신에 대한 장사 방법 및 절차 고시'를 개정해, 기존의 '선 화장 후 장례' 방침을 방역 조치 엄수 아래 장례 후 화장도 가능하도록 변경했다.

을 해도 지울 수 없는 시체라는 실체로, 죽음을 둘러싼 실천과 개념에 의해 완전히 배제되지 않은 채 존재한다.

죽음을 기억하기

철학자 하이데거는 죽음을 망각하려는 태도를 비난하며, 자신의 죽음을 기억하고 그것을 삶의 동력으로 삼을 것을 주문했다. 사람은 죽음을 잊어버리고 살아간다. 그러나 자신이 죽음을 향해가는 유한한 존재임을 정면으로 마주할 때, 비로소 자신이 이곳에 존재함을 인식하고 삶을 치열하게 완성하기 위한 진정성을 획득한다는 것이 하이데거의 생각이다. 이런 인식은 죽음을 예찬하려는 것이 아니다. 감염병을 계기로 죽음을 새롭게 바라보아야 한다는 요청이다.

현대의 모든 의료적 실천이 죽음과 시체를 잊으려 한다면, 지금으로선 반대 방향을 택하는 것으로 충분하지 않을까? 죽음을, 나의 죽음이 아닌 타인의 죽음을 기억하기. '죽음'이라는 추상적 개념 대신, 죽어가는 자가 있었음을, 그가 이 땅에서 누렸고 향유한 삶이 있었음을, 그리고 그가 이제 시체로서 안식을 누리고 있음을 기억하는 일이 강력한 저항이 될 수 있다. 타인의 죽음을 기억하고 그것을 삶의 동력으로 삼는 일 말이다. 타인은 죽음의 자리에서 자신의 서사를 완성한다. 하나의 삶이 시작하고 끝났으며, 그 시간과 공간의 기억은 하나의 완결된 서사로서 그 자리에 남는다. 그 서사가 잊힐 때, 하나의 우주, 개인이 태어나서 죽을 때까지 걸었던 세상도 소멸한다. 그러나 그 이야기를 듣고 기억하는 사람이 있다면, 죽어도 우리의 생은 끝나지 않을 것이다. 우리가 살아갔던 삶은 타인에게 전해져 그의 삶을 구성하는 일부가 될 것이다. 그렇게 기억을 매개로 우리는 우리의 삶을 이어갈 것이다. 감염병을, 감염병으로 인한 죽음을 듣고 기억하는 일, 어떤 곳에서도 가능한 단순한 삶의 실천을 통해, 우리는 이 질곡을 넘을 수 있지 않을까.

코로나19 감염에
자원하는 사람들

사람에게 바이러스를 노출시키는 연구

코로나19 뉴스를 관심 있게 살폈다면 '휴먼 챌린지 연구(human challenge trial)'라는 표현을 본 적 있을 것이다. 이 용어를 간단히 설명하자면 이렇다. 코로나19 바이러스를 이해하고 팬데믹의 해결책을 찾으려면 감염자를 대상으로 한 연구가 필요한데, 병원 환경에서는 한계가 있다. 코로나19 감염에 인간과 비슷한 병리적 반응을 보이는 동물로 실험을 하는 방법도 있지만, 그런 동물을 찾기도 어렵다. 따라서 건강한 사람을 연구 참여자로 모집한 후 이들에게 코로나19 바이러스를 의도적으로 노출시켜 통제된 상황에서 연구를 하자는 것이다. 무엇보다 아직 코로나19 바이러스의 작동 방식과 치료 방법에 대해 확실히 알지 못하는 상황에서 휴먼 챌린지 연구의 결과는 비할 바 없이 귀중한 자료가 된다.

새로운 주장처럼 들리지만 이런 연구는 다양한 감염병에 도입되어온, 상당히 오랜 역사를 지니고 있다.[1] 종두법으로 천연두로부터 인류를 구했으며 백신의 아버지라 불리는 에드워드 제너(Edward Jenner)는 우두(牛痘)*를 대상자에게 접종하고, 대상자가 천연두에 걸리지 않는지 확인했다.[2] 황열병의 원인을 규명한 것으로 유명한 월터 리드(Walter Reed)와 그가 이끌었던 황열병 위원회는 모기가 황열병을 옮긴다는 이론을 검증하기 위해 자원자를 받았다.[3] 참여자에게 황열병에 걸려 죽을 수 있다는 사실을 알렸고, 참여 대가로 100달러**를 지급했다. 목숨값으로 100달러를 지급한 셈인데, 지금 기준으로 보면 두 가지 문제가 있다. 첫째, 연구 참여자의 생명이 위험해지는 연구는 허락되지 않는다. 둘째, 100달러라는 꽤 큰 금액이 연구 참여자가 잘못된 선택을 내리도록 조종

---

* 우두 바이러스(cowpox virus)에 의해 나타나는 인수공통감염병으로, 다수의 농포를 일으키지만 피해는 심하지 않다. 우두에 걸린 사람은 천연두에 걸리지 않음을 관찰한 제너는 이것을 활용하여 천연두 백신을 만들었다. 백신(vaccine)이라는 말의 기원은 젖소(Vaccinus)로, 우두에 걸린 소의 고름에서 채취한 물질을 주입하는 것에서 유래했다.

** 과거의 돈 가치를 대략 알려주는 MeasuringWorth 웹사이트를 참조할 때, 지금 돈으로 약 400만 원을 받은 셈이다.

(manipulation)한 것이라는 의심이 든다.

감염병의 감염 경로, 증상, 발병 기전, 면역 반응, 백신 평가, 치료제 확인 등을 위해 감염자를 대상으로 한 연구가 필수적인 경우가 있다. 휴먼 챌린지 연구를 하는 것은 결국 효과적인 백신이나 치료제를 알지 못하기 때문이다. 이 같은 연구가 시행되지 않고 백신이나 치료제 개발이 지연될수록 그만큼 인류가 입는 피해도 커진다. 하지만 휴먼 챌린지는 많은 우려를 낳는다. 무엇보다 연구 참여자에게 질병을 직접 감염시키는 일을 허용하기가 쉽지 않다. 확실한 치료제가 아직 개발되지 않은 코로나19의 경우, 치료제가 없는 질병을 연구 참여자에게 감염시키는 것은 많은 사람을 불쾌하게 하거나, 윤리적으로 잘못되었다고 여겨진다.

휴먼 챌린지는 비윤리적이라는 직관

휴먼 챌린지 연구의 윤리적 논의는 '윤리적 직관주의'에 대한 재검토를 요청하는 작업이기도 하다. 윤리적 직관주의란 윤리에 관한 주장의 참 또는 거짓을 직관이나 직접적 인식을 통하여 알 수 있다는 주장이다. 직관은 추론적 사고가 아니라 마음에서 우러나는 도덕적 판단이다. 개념이 조금 복잡하지만, 윤리에 관해 심각하게 고민해보지 않았다면 윤리적 직관주의를 받아들이고 있다고 해도 무방하다. 윤리적 직관주의는 개인이 자명하다고 여기는 도덕적 판단이 타당하다고 보기 때문이다. 이를테면 도둑질을 해선 안 된다고 말할 때, 그것이 최대 다수의 최대 행복을 가져오는 일이기 때문이라거나(공리주의) 내 규칙으로 삼았을 때 다른 모든 사람이 이를 받아들일 수 있기에 윤리적이라고(칸트적 의무론) 생각하는 것이 아니라, 따져보지 않아도 당연한 것이라고 말한다면 윤리적 직관주의에 따른 것이다. 또한 철학 일반은 사람들의(엄밀히는 철학자의) 직관에 호소하곤 한다.[4]

최근 도덕심리학은 이런 윤리적 직관을 강한 즉각적 도덕적 신념(strong immediate moral belief)으로 정의하고 있다.[5] 나는 어떤 윤리적 결론에 도달한다. 그것은 그 행동이 결과적으로 나에게 위해를 가져오거나 어떤 처벌이 주어지기 때문도, 상위의 원칙에서 금지가 유도되었기 때문도 아니다. 그저 나는 그것이 잘못되었음을 안다. 예컨대 휴먼 챌린지 연구에서 건강한 연구 참여자를 감염시키는 것은 직관적으로 볼 때 비윤리적으로 여겨진다.[6] "연구가 사람한테 바이러스를 주입한다니? 있을 수 없는 일이지!" 그런 판단은 나치 의사를 처벌한 「뉘른베르크 강령(Nuremberg Code)」에서부터 이어지는 연구 윤리의 원칙이 연구 참여자의 심각한 위해를 금지하고 있기 때문도, 해당 실험의 이득, 위해를 따졌을 때 위해가 너무 크기 때문도 아니다. 비윤리적이라는 결론이 참여자를 위험한 상황에 노출시키는 실험은 어딘가 잘 못되었다는 우리의 순간적인 판단(또는 감각)에서 나왔다면 그것은 직관에 따른 것이다.

코로나19로 인한 위험을 아직 다 알지 못하므로 휴먼 챌린지 연구를 시행해선 안 된다는 주장[7]도 직관에 상당 부분 기대고 있는 셈이다. 어떤 행동을 금지하려면 그것이 얼마나 위험한지를 알고, 그 행동이 가져올 이득과 비교해볼 필요가 있다. 예컨대 코로나19에 걸렸을 때 사망할 가능성이 0.001 퍼센트인 반면, 휴먼 챌린지 연구를 통해 100만 명의 목숨을 구할 수 있다고 한다면(이런 식의 명확한 수치화는 불가능하지만 논의를 위해 가정해보자.), 연구에 참여해서 코로나19 바이러스에 걸려볼 만하다고 판단하는 사람이 있을 수 있다. 반면 위험을 아직 알 수 없다면 우리는 이런 식의 비교 평가를 할 수 없는데, 알 수 없으므로 연구를 할 수 없다는 말은 숙고를 통해 행동의 가부를 결정하는 자세는 아니다. 이런 철학자의 직관 자체를 연구하고 비판하는 실험철학이라는 분야도 있지만, 여기에서는 휴먼 챌린지 연구를 논의할 때 우리가 지닌 직관을 잠깐 놓아두는 것이 좋겠다는 정도까지만 살피자. 특정한 연구의 윤리성을 판단할 때는 감각적 결정이 아니라 구체적인 사유를 들어 하나씩 따져보아야 한다는 것이다.

코로나19 휴먼 챌린지 연구의 필요성을 역설한 생명윤리학자 니르 이얄(Nir Eyal) 등의 주장에 근거하면,[8] 이런 주장이 곧 연구 윤리의 영역을 넓히도록 요청하고 있다는 것을 알 수 있다.[9] 주장의 얼개를 정리해보자. 지금까지 연구 윤리는 연구 참여자를 수동적인 존재로 간주했고, 지식 생산 주체로서의 연구자와 지식 생산 객체로서의 연구 참여자 간의 위계를 당연한 것으로 간주했다. 따라서 연구 윤리는 연구 참여자를 위해로부터 보호하는 것을 우선시하는 감시자의 역할을 자처해왔다. 하지만 연구 참여자가 위험을 무릅쓰고 타인의 이득이나 지식의 발전을 위해 연구 참여를 자원한다면, 연구 윤리적 접근의 고려 사항이나 연구 참여자의 위치가 달라질 수 있다. 물론 이런 상황에 대한 판단은 여러 측면을 고려해야 하므로 감염병 연구와 윤리, 코로나19 휴먼 챌린지의 요청, 연구 참여자의 자발성을 단계적으로 살펴보는 것이 필요하겠다.

감염병 연구와 생명의료윤리

생명의료윤리가 지금의 형태로 자리 잡은 데는 1970년대 의료계 안팎에서 벌어진 여러 사건과 결정이 있었다. 연구 영역에서는 매독에 걸린 초저소득층 흑인을 대상으로 치료제를 주지 않고 관찰만 했던 '터스키기 매독 실험(Tuskegee syphilis experiment)'이 폭로되었다. 진료 쪽에서는 식물인간 상태가 된 딸 캐런 앤 퀸란(Karen Ann Quinlan)의 인공호흡기를 떼고 연명치료를 중단하려는 부모의 노력이 존엄사 논쟁으로 이어졌다. 동시다발적으로 벌어진 여러 사건을 정리하기 위해 윤리학적 접근이 요청되었고, 진료와 생명 연구에서 지켜져야 할 대표적인 윤리 원칙과 지침을 설정한 「벨몬트 보고서(The Belmont Report)」가 발표되었다. 또 생명의료윤리의 학문적 틀을 정립한 『생명의료윤리의 원칙들』이 출간되었다. 환자 또는 연구 참여자의 자율성("자기 몸에 벌어지는 일에 관한 환자의 결정을 존중하라."), 선행("환자에게 최선의 선택이 되도록 행위하라."), 악행 금지("해를 끼치지 말라."), 정의("공정하게 대우하라.")라는 네 가지의 원칙을 고려하여 의료윤리적 또는 생명윤리적 판단을 내리는 것이 그 골자다.

그 전에도 생명의료윤리적 문제는 당연히 있었다. 특히 2차 세계대전에서 벌어진 악행의 판결 과정에서 도출된 「뉘른베르크 강령」은 이후 생명의료윤리의 방향을 결정하는 중요한 선언이다. 나치 독일은 유대인 등을 수용한 강제수용소에서 생체 실험*을 자행했으며, 그중에는 감염병 실험도 있었다. 미생물이나 바이러스에 감염시켜 감염 특성이나 증상, 조건 등을 연구한 이런 실험은 전후 뉘른베르크에서 열

* 현재 인간 대상 연구에서는 실험이라는 표현을 지양하고 (임상)시험이라는 용어를 주로 사용한다. 과거의 부족했던 인간 대상 연구와 달리, 엄격한 기준에 따라 수행되는 현재의 연구를 구분해 부르려는 노력 중 하나다.

린 나치 전범 의사들에 대한 재판에서 쟁점이 되었다. 나치 독일의 의사들은 자신은 국가에 대한 의무를 수행했을 뿐이며, 비슷한 실험이 미국 등지에서도 벌어지고 있다고 변호했다.[10] 논의는 점차 의학의 진보를 통한 전체의 이득과, 그 과정에서 어쩔 수 없이 개인이 입게 되는 위해가 충돌할 때 어떻게 해야 하는가로 나아갔다. 「뉘른베르크 강령」은 실험 대상의 자발적 동의를 절대적인 것으로 설정하여 나치 독일의 생체 실험이 동의 없이 진행되었음을 명확히 했다. 또 실험이 다른 수단으로는 얻을 수 없는 사회적 이익을 가져와야 하고 그 결과가 실험을 정당화할 수 있어야 한다는 것을 명문화했다. 즉 연구 참여자가 직접 동의 의사를 밝혀야 하고, 연구로 얻는 이득이 연구로 발생할 위험을 상당히 초과하거나, 적어도 이를 정당화할 수 있어야 한다고 정한 것이다.

나치 의사들에 대한 단죄와 강령 발표로 인간 대상 연구 윤리가 확립되는 듯했지만, 감염병이 계속 문제가 되었다. 1970년대에 폭로된 또 다른 인간 대상 감염병 실험으로 윌로브룩(Willowbrook) 연구가 있다. 윌로브룩 주립학교에 기숙하던 아동에게 간염 바이러스를 주입한 다음 치료가 가능한지 실험한 연구다. 터스키기 연구와 윌로브룩 연구는 공통적으로 초저소득층 흑인과 지적장애 아동이라는 취약한 연구 대상자(vulnerable research subject)를 연구에 참여시키는 것이 갖는 문제점을 보여준다. 연구진은 연구 참여 동의를 받은 데다가 연구에 참여하지 않았어도 어차피 질병에 걸릴 상황이었고, 참여를 통해 이득을 보았으니 결과적으로 참여자에게 좋은 일이 아니냐고 맞섰다. 윌로브룩 주립학교의 상황은 워낙 열악했고 아직 감염병 전파에 대한 이해가 없던 시절이라, 기숙 아동 대다수가 결국 간염에 걸렸던 터였다. 또 터스키기 지역 흑인들은 초저소득층으로 달리 의료 서비스를 받거나 괜찮은 식사를 하기가 어려웠는데, 연구에 참여함으로써 (매독 치료제는 못 받았지만) 기본 건강검진과 식사를 제공받았다고 자신들의 연구를 변호했다.

하지만 연구 참여자들이 충분한 설명을 듣고 완전히 이해한 상태에서 동의를 결정한 것이 아니므로 부적절하게 이루어진 동의라는 문제가 있다. 또 취약한 연구 대상자가 동의를 표했더라도 연구 과정에서 착취당할 수밖에 없다는 문제가 제기되었다. 결국 이 시기에 정립된 생명의료윤리는 특수한 경우를 제외하곤 감염병을 직접 감염시키거나, 감염된 사람을 치료하지 않고 관찰하는 연구가 정당화되기 어렵다고 판단했다. 이후 감염병의 휴먼 챌린지 연구는 제한적으로 수행되어왔다. 뎅기열[11], 콜레라[12] 등 치료제가 없지만 약화된 바이러스를 확보하고 있는 경우, 또는 치료법이 있는 경우 등에 한해서 소수의 연구 참여자를 대상으로 엄격한 관리하에 시행되었다.

그렇다면 코로나19 휴먼 챌린지의 난점은 무엇일까? 앞서 말한 것처럼 코로나19는 뎅기열이나 콜레라와는 다른 국면에 있다. 우리는 코로나19의 특성을 명확히 알지 못하며 확실한 치료제도 없다. 따라서 연구 참여자에게 코로나19를 의도적으로 감염시키는 것은 채 정당화되지 않는 위험을 지우는 일이 될 수 있다. 더욱이 수만 명을 대상으로 한 임상시험처럼 대체 가능한 다른 방법이 있다고 간주되면, 휴먼 챌린지의 필요성은 더 약화된다.

코로나19 휴먼 챌린지는 정당화될 수 있을까

2020년, 코로나19 연구에서 휴먼 챌린지가 필요하다는 주장이 대두했다. 크게 코로나19의 병리적, 면역학적 특성에 대한 더 정밀한 연구, 그리고 백신 및 치료제 개발이라는 두 가지 필요에 의한 것이었다. 특히 백신 개발은 그 유효성을 확인하려면 백신을 많은 사람에게 맞힌 다음, 일정 기간 이후 이들이 코로나19에 걸리는지 아닌지를 추적하는 임상 3상 시험을 거쳐야 했다. 화이자, 모더나, 아스트라제네카 등 코로나19 백신을 개발한 제약회사들은 연구 참여자 수만 명을 모집했고, 이들을 대상으로 각 사가 개발한 백신의 효과를 검증했다. 이런 과정이 엄밀하게 진행되었음에도 코로나19 백신은 사람들에게 이전에 개발된 여러 백신만큼의 믿음을 주지 못했는데, 개발 기간이 너무 짧았고 효과 검증이 미진했다는 것이 그 이유다. 여전히 백신에 대한 불신이 문제가 되는 가운데, 건강한 사람에게 백신을 주입하고 바이러스를 감염시키는 휴먼 챌린지로 백신의 효능을 시험하는 방법의 이득과 위험을 따져볼 필요가 있지 않을까?

2022년 초, 머크 사의 몰누피라비르나 화이자 사의 팍스로비드가 코로나19 치료제로 발표되었다. 그러나 2009년 신종플루 팬데믹 때의 타미플루처럼 획기적인 효과를 보이지 못했고, 부작용 염려도 있다.[13] 따라서 휴먼 챌린지를 통해 코로나19의 병리적 특성 등을 연구하는 것은 새로운 치료제 개발에 큰 도움을 줄 수 있다. 이미 감염된 환자를 대상으로 이런 연구를 시행하기는 어렵다. 환자는 일단 치료가 우선해야 할 뿐 아니라, 환자의 신체적, 사회경제학적 특성이 너무 다양해서 어떤 요인이 코로나19의 진행 등에 영향을 미치는지 확인하기 어렵기 때문이다.

코로나19 연구의 휴먼 챌린지를 정당화하는 주장은 크게 세 가지 근거를 내세운다.[14] 첫째, 백신 개발을 포함해 코로나19 연구로 얻게 되는 이익은 연구 참여자와 사회 일반 모두에게 제공되며, 연구 참여자에게 가해질 수 있는 위험을 훨씬 상회한다. 이전의 연구 윤리는 연구 참여로 인한 직접적인 이익만을 위험과 비교했다. 하지만 휴먼 챌린지에 대해서는 두 가지를 함께 고려해야 한다고 주장한다. 한 가지는,

연구 참여로 제공받는 의료 혜택 등 간접적인 이득이다. 의료 자원의 결핍이 더 극명해지는 코로나19 상황에서 연구 참여자가 얻게 되는 의료적 관리라는 부수적 이득은 평소와 달리 상당한 이득을 제공받는 것이나 다름없다. 다른 하나는, 연구 결과가 가져올 사회 전체의 이득이다. 모든 연구는 의학 발전을 통한 사회 전체의 이득을 추구한다. 그러나 20세기 초중반 사회의 이득을 위해 연구 대상자의 불이익이 감수될 수 있다는 연구자 또는 기관의 논지를 기반으로 악명 높은 의학 실험이 행해졌다. 그 때문에 의학 연구에서 사회 전체의 이득은 연구 실행을 결정하는 데 부수적인 역할만을 해왔다. 그러나 후술할 코로나19 휴먼 챌린지의 참여적 성격으로 인해 사회 전체의 이득도 직접적 고려 대상이 될 수 있다.(물론 사회적 이득만으로 연구를 정당화할 수는 없다.)

둘째, 의료 시설이 충분히 갖추어진 지역에서 다른 위험 요인이 없는 젊은 층을 대상으로 연구를 진행한다면, 연구 참여자가 겪을 위험을 최소화할 수 있다. 최근 코로나19 휴먼 챌린지 연구에 참여하는 건강한 20~30세 사이 대상자에게 가해질 위험을 추산한 연구에 의하면,[15] 사망이 발생하지 않을 가능성은 99.74퍼센트, 입원 환자가 발생하지 않을 가능성은 98.9퍼센트로 나타났다. 이에 기초하면, 완전히 위험을 배제할 수는 없지만 휴먼 챌린지 연구는 백신 연구 등에 충분히 활용될 수 있다고 보인다. 상황이 계속 변하고 있지만,

연구 환경에선 연구 참여자에게 어떤 바이러스에 감염시킬지 결정할 수 있으므로 델타나 람다 변이는 사용하지 않을 것이다. 추후 연구에 필요하다면 이들 변이의 위험성을 어느 수준 이상으로 확실하게 확인한 다음에 진행하는 방법이 있다.

마지막으로 코로나19 휴먼 챌린지는 다른 의학 연구와 달리 참여자의 자발적, 이타적 동의에 기초한다.[16] 과거 사람을 대상으로 한 의학 연구는 금전적인 이익을 제공해 참여자를 모으거나, 병이 있는 사람이 시험적인 치료법을 선택해 얻을 이익의 가능성에 기초해 참여자의 동의를 받는 식이었다. 즉 의료인이나 연구자가 환자에게 참여를 권하고, 환자는 의료진에게 (충분한) 설명을 들은 다음 동의 여부를 결정했다. 반면에 코로나19 휴먼 챌린지는 찬반 논의를 공개한 채 전 세계적으로 참여를 요청하고, 논의를 충분히 숙지한 사람들의 자발적인 참여로 대상자를 모집한다. 이 이타적이고 자발적인 참여 행위에 대해 좀 더 살피고자 소방관의 비유를 들어보려 한다.

연구 참여자의 이타적 자발성이 빠져 있다

건물에 큰불이 났다. 집 안에 갇혀 있는 사람들을 구출하기 위해 누군가 들어가야 한다. 한 소방관이 자진해서 건물 안으로 들어가려 한다. 이때 우리는 사람들을 구하고자 불타는 건물로 뛰어든 소방관의 행위를 영웅적이며, 상황에 적절하게 취한 것이라고 말할 수 있을 것이다. 물론 소방관을 말려야 하는 경우도 있다. 이미 불이 너무 많이 퍼졌고 안전한 탈출구를 확보할 수 없어 소방관의 안전을 보장할 수 없거나, 그 행동이 소방관의 이타심과 희생을 강요하는 사회적 압력에서 비롯되었다면 소방관의 선택을 말려야 할 것이다.

소방관을 연구 참여자로, 불난 집을 코로나19 팬데믹을 맞이한 세계로, 건물에 들어가는 행위를 휴먼 챌린지 연구 참여라고 생각해보자. 휴먼 챌린지 연구가 필요하다는 주장이 소방관의 진입을 응원하는 쪽이라면, 휴먼 챌린지 연구를 반대하는 주장은 소방관의 진입을 말리는 쪽일 것이다. 찬성 측은 소방관(연구 참여자)의 이타적 자발성을, 반대 측은 소방관(연구 참여자)에게 가해지는 위험이나 부당한 압력을 강조하는 셈이다.

연구 윤리에서 이런 식의 고려는 거의라고 해도 좋을 만큼 이루어지지 않았다. 연구 윤리는 기본적으로 연구 참여자를 후견자의 위치에서 보호하는 틀 안에서 운용되어왔다. 그러나 이런 접근은 기존 연구 윤리가 설정해놓은 관념에서 비롯되었다고 볼 수 있다. 연구 참여자는 연구 윤리 제도가 보호해야 하는 대상일 뿐, 그 자신의 자발성을 통해 연구에 주도적으로 참여할 수 있는 위치에 있지 않다는 위계 설정 말이다. 다시 말해, 연구 참여자가 인류 전체의 이익을 위해 자발적으로 연구에 참여하는 그림은 기존 연구 윤리에서 아예 빠져 있다.* 이러한 연구 윤리 태도는 여전히 의학 연구 지식의 비대칭이 심한 상황에서 어느 정도 정당화될 수 있다. 하지만 거꾸로 연구 참여자가 연구와 연구의 이득 및 위해에 관해 (비록 연구자만큼은 아니더라도) 충분히 인지하고 있으며 돈벌이 등의 이유가 아닌 이타적인 이유에서 참여를 원한다면, 예외를 두는 것도 가능할 것이다.

소방관의 일은 이타적 행위를 위해 자신의 위험을 무릅쓰는 대표적인 사례다. 소방관이 불난 집에 뛰어들 듯, 코로나19 휴먼 챌린지 참여자도 인류의 이익을 위해 직접 코로나19 바이러스에 감염된다. 그렇다면 소방관의 행위와 코로나19 휴먼 챌린지 참여자의 행위를 같은 선상에 놓을 수는 없을까? 소방관의 행위와 코로나19 휴먼 챌린지 참여자의 행위를 도덕적으로 유사한 행위라고 판단할 수 있지 않을까? 물론 화재 상황과 코로나19 팬데믹 상황의 맥락이나 층위가 다르다거나, 소방관의 위치와 휴먼 챌린지 참여자의 위치가

---

* 이미 허용되고 있는 두 가지 예외를 고려해볼 수 있는데, 하나는 연구자가 자신의 몸에 직접 연구를 하는 경우다. 다른 하나는 실험적 치료법에 참여하는 환자의 경우다. 전자는 별다른 문제가 되지 않는다.(단, 연구자라 해도 더 상위 직책에 있는 연구자의 강압과 강제로 실험에 참여하게 되는 경우는 심각한 문제가 될 수 있다.) 후자는 타인의 이익을 위한 것이 아니므로 논의 중인 상황과 구분된다.

차이 난다는 점을 지적할 수 있지만, 나는 두 행위가 도덕적 유사성을 지닌다고 생각한다.* 그리고 소방관이 불을 끄는 일에 강압성을 묻지 않듯, 휴먼 챌린지 참여에 강압성을 물을 필요도 없다고 생각한다. 물론 누군가는 보상을 목적으로 위험한 일을 할 수도 있지 않겠냐고 반박할 수 있지만, 그런 시도를 걸러내지 못할 만큼 연구 윤리 관리 체계가 허술하지는 않다.

연구 윤리의 갱신이 필요한 때

코로나19 휴먼 챌린지는 연구 윤리 틀의 재고를 요청하고 있다. 지금의 과학기술은 직접 감염을 통한 연구가 처음 등장했던 시기와는 상당히 달라졌음에도, 과거의 연구 윤리 기준을 유지하고 있지 않은가 하고 말이다. 앞서 이득의 측면에서도 짚어봤지만, 이제서야 우리는 연구 시행에 있어 인

---

* 오랫동안 맥이 끊겼다가 의료윤리를 통해 다시 부활한 윤리적 접근법인 결의론은 두 사례의 도덕적 동일성과 차이를 통해 문제에 접근한다. 준거 사례(패러다임 케이스)가 받아들여지고, 이 사례와 지금 문제가 되는 사례가 도덕적으로 같다면, 현재 사례도 받아들여야 한다고 주장하는 방식이다. 여기에선 불난 집을 단지 비유로 언급하는 것이 아니라, 소방관의 사례와 휴먼 챌린지 참여자의 사례에서 고려해야 할 윤리적 사항이 동일하다고 보는 것이다.

간 대상 연구가 사회 전체에 가져올 이득을 고려하게 된 것일지도 모른다. 물론 여러 이견이 있을 것이다. 여전히 연구 참여자의 권익 보호 실현조차 불충분한 상황, 그런 속에서 사회의 이득을 고려하다가 과거의 악행이 부활할 수도 있을 가능성을 계속 점검해야 한다. 하지만 너무 오랫동안 과거의 실패에 고착되어 있는 것은 아닌지를 숙고해볼 필요도 있다.

어떤 면에서 엄격히 굳어 있는 연구 윤리의 후견적, 보호적 접근 방식이 달라질 수 있고 또 달라져야 한다고 생각한다. '뉴노멀'이라는 표현이 가리키는 것은 실천과 가치의 변화 모두이며, 코로나19를 지난다는 것은 우리의 실천을 검토함과 동시에 우리가 그동안 당연하게 받아들였던 가치를 재점검하는 일이기도 하다. 코로나19로 많은 것이 변한다고 할 때, 그 변화가 지금까지 생명의료윤리가 쌓아온 결과물을 통해 이뤄지기를 바란다. 어찌 보면 우리는 20세기에 그어두었던 연구자와 연구 참여자 사이의 명확한 선을 조정하는 시기에 들어선 것일지도 모르겠다. 나아가 이런 계기를 통해 우리가 윤리학에서 취하는 접근 방법(예컨대 직관주의적 접근) 또한 변화할 수 있지 않을까? 윤리학적 고려에는 직관적 판단 또는 감정적인 결정보다는 다양한 사유가 더 많이 필요하기 때문이다.

인간 너머의 건강

코로나19 변이로 해를 가른다면, 2021년은 델타, 2022년은 오미크론의 해라고 부를 수 있지 않을까. 계속 나타나는 변이 때문에 팬데믹의 고통이 이어지고 있다. 2021년 10월 백신 접종 완료율이 70퍼센트를 넘어서고 확산세도 어느 정도 정체기에 들어서면서, 이렇게 코로나19 상황도 슬슬 종료되어가겠다는 생각을 했다. 그것이 오판이었음을 깨닫는데는 그리 오랜 시간이 걸리지 않았지만.

변이 출현을 막을 수 있을까

여러 사례가 코로나19 상황은 국내 종식이 끝이 아님을 말하고 있다. 당장 '코로나19 청정국'이라는 별명이 붙었던 중국은 2022년 초 확진자가 발생한 도시 전체를 봉쇄했고, 방역 모범국이라 불렸던 호주는 2022년 1월 확진자 숫자가 급증해 규제를 손봐야 했다.[1] 2021년 말 일일 확진자 수가 100명대로 급감하면서 부러움과 궁금함을 자아냈던 일본은 2022년 초 다시 폭증하기 시작, 2월 초에는 일일 10만 명의 확진자를 기록하기도 했다.[2] 호주 또한 1월 중순 일일 11만 명까지 확진자가 증가한 적 있다.(두 나라 모두 3월 들어서는 일일 확진자 수가 3만 명대로 줄어들었다.) 이 모두가 새로운 변이의 출현 때문이기에, 코로나19의 변이를 효과적으로 막는 것이 향후 코로나19 사태의 중요한 요인이 될 것이다.

변이의 출현은 어떻게 막을까? 여러 전문가들이 변이 출현의 원인으로 백신 불평등을 지적한다.[3] 아직 백신 접종률이 낮아 코로나19가 빠르게 확산할 수 있는 저소득 국가의 환경이 변이 발생을 부추길 수 있다는 것이다. 코로나19 바이러스는 RNA바이러스에 속한다. 애초에 DNA를 세포에 주입하는 DNA바이러스와 달리, RNA바이러스는 세포에 자신의 RNA와 역전사효소를 주입하고 이것이 세포핵 안으로 DNA를 만들어 넣는 작용을 한다. RNA바이러스의 기본 구성 요소인 RNA는 DNA보다 안정성이 떨어진다. 쉽게 말해 RNA바이러스는 다양한 환경에 확산하게 되면 쉽게 변이를 만들어낸다. 백신이 전 세계에 골고루 분배되어야 하는 이유가 여기에 있다. 코로나19 바이러스의 확산을 효과적으로 차단해 변이의 탄생 가능성을 줄여야 한다.

그렇다면 방역, 나아가 보건의료의 대상을 어디까지 넓혀야 할까? 국내의 보건의료에만 집중해왔던 한국이 그 한계를 넓혀 국제 보건의료에도 신경을 써야 한다는 것은 일견 타당하다. 이때 국제적 활동의 영역을 어디까지로 설정하고 어떤 지원을 제공할 것인가? 백신을 제공하는 것만으로 충분할까, 아니면 다른 영역으로 확장해야 할까? 이를테면 코로나19 발생 및 확산이 기후위기와 깊이 연관되어 있다면,[4] 즉 온난화에 의한 생태계 교란으로 감염 질환이 인간에게 더 쉽게 넘어오게 되고 그 피해도 더 커지고 있다면, 우리는 질병 예방을 위해 기후위기 해결에 나서야 한다는 말도 성립할 것이다. 주지하다시피 기후위기는 전 세계적 대응이 필요한 문제다. 또 코로나19 바이러스가 인간으로 건너온 주요 경로로 여전히 중국의 수산시장에서 비위생적으로 관리·매매된 야생동물이 의심받고 있는 상태다.[5] 이런 사태를 막으려면 시장 질서에까지 개입해 들어가야 한다는 뜻이다. 이쯤 되면 궁금해진다. 이런 논의를 모두 포괄할 수 있는 틀이 존재할까? 이런 논의까지 윤리가 다 포괄하고 물어야 하는 걸까?

'누구'부터 '무엇'까지 보호할 것인가

윤리는 지금까지 '누구를 보호할 것인가?'를 물어왔다. 의료윤리의 여러 논의는 자율성을 축으로 하는데, 환자가 스스로 자기 일을 결정할 수 있어야 함을 살핀다. 연구 윤리는 연구 참여자를 보호하기 위한 여러 수단을 마련한다. 이런 윤리학적 접근은 여러 당사자 중 환자와 연구 참여자를 보호해야 한다는 기본 전제 위에 구축되어 있다. 또한 의료정의론은 한정된 의료 자원으로 누구를 살릴지 결정해야 한다면 그 원칙이나 방법은 무엇이어야 하는지를 살핀다.

코로나19를 마주한 우리는 이 질문을 바꿔내야 하는 상황에 처해 있다. 지금까지 '누구(환자, 연구 참여자, 취약한 사람, 차별 대상 등)'를 보호할지 물었다면, 이제는 '무엇까지'를 보호할 것인지 따져야 할 때다. 여기 '무엇'의 자리에는 동물권운동에서 주장하는 '동물'의 권리와 환경운동에서 주장하는 '환경'의 돌봄, 나아가 실험실과 연구실에서 이루어지는 '연구 활동'이 놓인다.

동물

코로나19 이전에도 인간과 동물을 모두 감염시킬 수 있는 인수공통감염병(zoonosis)이 점차 감염병 관리에서 심각한 문제로 대두했다. 조류독감이나 구제역이 확산될 때마다 끔찍한 동물 살처분이 이루어지는 이유 중 하나는 조류인플루엔자 바이러스나 구제역 바이러스가 인간과 동물 사이 벽을 넘어 인간을 위협할 가능성이 있다는 것이다. 점점 더 많은 세균과 바이러스가 인수공통감염병의 목록에 추가되고 있다. 야생동물뿐만 아니라 일상적으로 기르고 음식 재료로 사용해온 동물들이 '중간 숙주'로 기능하기 때문이다. 이 말인즉 코로나19와 같은 팬데믹이 이미 일상의 경계를 침범하고 있다는 의미이기도 하다.

동물 사이에서 감염병이 빠르게 확산하는 원인으로 '공장식 축산'이 지목되어왔다. 육류의 대량생산을 위해 말 그대로 발 디딜 틈도 없는 공간에서 동물을 빠르게 키워내는 방식에 동물이 진화를 거쳐 발달시켜온 위생 방법은 고려되어 있지 않다. 오히려 동물들은 대규모 사육 과정에서 극도의 스트레스를 받아 서로를 공격하기까지 하는 매우 취약한 상태에 처하고, 이런 상황은 동물의 면역력을 저하시킨다. 항생제를 사료로 먹이고 주사하는 방법으로 면역력 저하 문제에 대처하고자 하지만, 항생제는 일부 세균에 대처할 수 있을 뿐 바이러스 등은 해결하지 못한다. 더구나 항생제로 특정한 세균만 제거하면, 기존에 다른 세균들에 억눌려서 수를 늘리지 못하던 세균들이 손쉽게 늘어날 수 있는 환경이 구축된다.[*]

동물의 면역력이 다뤄오던 세균과 바이러스가 통제를

벗어나 인간의 영역까지 위협하고 있다면, 해결책은 동물이 잃어버린 면역력을 다시 회복하는 데에서 찾아야 할 것이다. 그 방안 중 하나는 지금껏 육류 생산량에만 초점을 맞춰온 축산업의 방향을 재고하는 일이다. 동물 사육 환경 개선은 단지 동물권의 실현을 위해서뿐 아니라, 인간을 팬데믹으로부터 보호하기 위해서라도 필요하다. 동물이 자신의 분뇨 위를 뒹굴지 않게 하는 것을 넘어 스스로 발전시켜온 위생 활동을 수행할 수 있는 공간을 마련하고, 스트레스를 줄이는 사육 및 도축 방식을 실행하는 것은 인간을 보호하는 방법이기도 하다.

환경

2019년 9월 23일, UN 기후행동 정상회의 연단에 오른 그레타 툰베리(Greta Thunberg)는 미래를 희생해 단기적인 이윤 추구에만 급급한 세계 지도자들을 질타하면서 전 세계 환경운동의 중심인물로 떠올랐다. 미래 세대의 권리를 침해하

---

* 최근 발전한 마이크로바이옴(microbiome, 인체 미생물 생태계) 이론은 인간 안팎에서 같이 생활하는 여러 미생물이 서로 군집을 이루면서 공존하는 양상을 설명하고자 한다. 미생물 다양성이 파괴되는 세균 불균형(dysbiosis)은 장염의 원인 중 하나이며 인간 면역력에 영향을 미친다. 과거 단 하나의 미생물이 질병의 원인이라는 생각은 점차 숙주와 미생물의 상호작용이 중요하다는 생각에 자리를 내주었고, 이제는 여러 미생물의 상호작용이 질병의 원인이라는 결론에 도달했다.[6]

고 있다는 툰베리와 청소년들의 비판에서 자유로운 사람은 없다. 한국 청소년들도 청소년기후행동을 조직해 기후위기 해결을 위한 변화를 촉구하고 있다.[7] 국회에서 '기후위기 비상 대응 촉구 결의안'이 통과되고 국가 온실가스 감축목표가 정해졌지만, 실질적인 변화는 이루어지지 않고 있다.

기후위기는 초고온, 맹추위, 폭풍 같은 기후 피해를 일으키는 기후변화뿐 아니라 팬데믹을 초래하기도 한다.[8] 기후위기는 직접적인 삼림 파괴로 야생동물 서식지를 건드리지 않는다고 해도, 동물이 살던 환경을 갑작스레 변화시켜 동물의 이동을 초래하고 그 과정에서 바이러스가 인간에게 넘어올 가능성을 높인다. 또한 기후변화로 생물다양성이 감소하면서 미생물, 중간 숙주, 인간 사이의 거리가 점차 짧아지고 있다. 이런 현상도 팬데믹 발생 가능성을 높이는 원인이 될 수 있다.

물론 팬데믹 때문에 기후위기에 대응해야 하는 것은 아니지만, 팬데믹은 그래야 할 중요한 이유를 제시한다. 인간을 미생물의 위협에서 보호하는 방법 중에 하나는 더 이상의 기후 상승을 막는 것이다.* 이와 같은 환경 문제는 말 그대로

---

* 기후변화에 관한 정부 간 협의체(IPCC)가 내놓은 IPCC 제6차 평가보고서 제1실무그룹 보고서에 따르면 기후변화 진행 속도는 더욱 빨라져 지금과 같은 온실가스 배출량을 유지할 때 2030년대 중후반에 지구 평균온도는 1.5도 상승하게 될 것이다.[9] 이미 기록적인 기온 상승, 산불, 홍수 등 이상 기온이 나타나고 있는 상황에서, 기온 상승을 1.5도 이내로 억제하자고

우리 모두의 시급한 당면 과제다.

실험실

오늘날 생물학 실험실을 살펴보면, 크리스퍼(CRIS-PR-Cas9)를 활용한 유전자 편집(gene editinig) 기술과 3D 프린터가 촉발한 변화에 큰 영향을 받고 있다.[10] 생물학 연구 및 실험은 대개 고비용으로, 노동 집약적인 환경에서 이루어 져왔다. 그러나 기술 개발에 힘입어 훨씬 저렴하게 적은 인력과 간단한 방법으로 비슷한 실험을 구현할 수 있게 되면서 점점 더 작은 규모로 시행되는 실험이 늘고 있다.

이런 방향을 지지하는 이들은 기업과 대규모 실험실이 과학을 독점하던 상황에 변화가 오고 있음에 주목한다. 과학의 힘이 다시 시민의 손에 주어져야 한다는 것이다. 하지만 이런 변화에는 분명 문제점도 있다.* 생물학 실험을 통해 인간이 수행할 수 있는 일의 범위는 비약적으로 증가했고, 이

협약한 2015년 제21차 유엔기후변화협약 당사국총회(COP21)의 약속 이행을 위해 남은 시간은 얼마 되지 않는다.

* 이를테면 유전자 조작 실험을 집에서 할 수 있는 키트를 만들어 팔고, 자신에게 유전자 조작 샘플을 주입하는 동영상을 온라인 공간에 올린 '바이오해커' 조사이어 제이너(Josiah Zayner)는 사람들이 더 위험한 실험을 하는 것을 보고 자신의 행동을 후회한다는 인터뷰를 내보낸 바 있다.[11] 그는 여전히 생물학 실험이 개인의 손에 주어져야 한다고 믿지만, 이런 실험이나 동영상이 단지 주목받기 위한 수단으로 쓰일 수 있다는 점이 안타깝다고 밝혔다.

전과는 달리 점점 더 많은 실험이 전 세계의 다양한 장소에서 이루어지게 될 것이다. 이는 과학의 발전이라는 측면에서 보자면 매우 유익할 수 있지만, 규정된 공간 바깥에서 이루어지는 실험을 통제하기는 무척 어렵다. 에이즈 저항성을 갖춘 아이를 태어나게 하겠다며 인간 배아 유전자 조작을 시행해 생명윤리적 문제를 일으킨 중국의 허젠쿠이(賀建奎) 같은 사람이 또 나타나지 않으리란 보장은 없다. 아직까지는 개인이 바이러스를 만들어 대중에게 살포하는 바이오 테러가 일어난 적도, 코로나19 바이러스가 실험실에서 유출되었다는 증거도 없다. 하지만 '실험실을 어떻게 관리할 것인가?'에 관한 논의를 늦기 전에 시작해야 한다는 경각심을 품기에는 충분해 보인다.

복잡한 현실을 단순화하지 않기

실험실을 대상으로 안전을 확보하는 일은 쉽지 않다. 대학이나 기업의 실험실은 안전 관리를 위한 규제 및 지침에 부응하는 시설과 기준을 갖추기가 상대적으로 어렵지 않다. 작은 규모의 실험실을 상대로 생물안전을 확보하기가 비교적 더 까다로울 수 있다. 보통 실험 규제는 두 가지 방식으로 이뤄진다. 문제 발생 시 강하게 처벌하는 방식이 하나요, 운영 기준 강화, 운영자 인증 등 운영을 안정화하는 방식이 다른 하나다. 작은 실험실은 관련 안전 기준 등의 준수에 한계를 겪는 경우가 흔하다. 하지만 이 같은 위험이 따를 수 있다는 이유로 작은 실험실을 금지할 수는 없다.

동물이나 환경 문제에도 딜레마가 없는 것은 아니다. 동물을 키우는 방식에는 나름의 타당한 이유가 있다.[12] 예컨대 양돈 농가는 새끼 돼지의 꼬리를 자르는데, 돼지는 긴 꼬리를 흔드는 다른 돼지를 깨물고 장난치는 습관이 있다. 꼬리를 자르지 않는 경우 과다 출혈로 돼지가 폐사하는 일이 종종 있다는 점을 들어, 얼핏 잔혹해 보이는 꼬리 자르기가 돼지를 보호하는 방법의 일환이라고 사육 관리자는 말한다. 무엇보다 국내외의 동물 사육 환경이 다른데, 다른 나라의 동물복지 방침을 무조건 들여오는 것은 현실과 유리된 결과로 이어질 가능성도 있다.

탄소중립 목표를 위해 유럽연합(EU)은 2021년 7월 14일 '핏포55(Fit for 55)'라는 로드맵을 발표했다.[13] 10년 후인 2030년까지 온실가스 순배출량을 1990년 대비 55퍼센트로 줄이려는 계획을 담고 있다. 계획의 세부 실행으로 도입되는 것 중 하나가 탄소국경조정제도(CBAM)다. 이는 EU에 수입되는 제품의 탄소 함량을 조사해 다른 제품보다 탄소 배출량이 많으면 초과분에 관세를 물리는 제도다. 탄소국경세라고도 불리는 이 제도는 철강, 시멘트, 알루미늄, 비료, 전력 등 다섯 개 제품에 적용되기 시작해 점차 범위를 넓혀갈 예정이다. 유럽에 해당 제품을 대량 수출하는 기업은 많은 관세를 물어야 하기 때문에 큰 타격을 입을 수 있다. 대상 품목이 정해져 있어, 수출국들은 자국 기업을 지원하는 조처를 준비 중에 있다. 많은 사람들은 여전히 기후위기를 체감하지 못할 뿐더러 탄소 배출 감축 정책이 경제에 미칠 악영향을 우려한다. 게다가 상대적으로 경제 발전을 이미 이룬 선진국과 달리, 저개발국은 기후위기 대응이나 탄소중립 같은 정책 목표가 국가 발전을 저해할 것이라 여기며, 이런 탄소중립 움직임이 선진국의 '사다리 걷어차기'라고 반발하기도 한다.[14] 이미 엄청난 양의 탄소를 배출해 현재의 위기를 야기한 당사자는 선진국이기 때문이다.

동물, 환경, 실험을 둘러싼 문제들에 대한 고담준론도 중요하지만 그것이 현실적인 변화를 가져오기는 어려울 수 있다. 실질적 변화를 이끌어내기 위해 우리에게 가장 필요한 것은 이 세 가지 요소가 인간의 삶과 직접 연관되어 있다는 깨달음이다. 인간이 건강하려면 동물과 환경이 건강해야 하고, 그 건강은 올바른 생물학적 실천을 통해 구현되어야 한다. 이런 주장을 뒷받침하는 이론적 틀이 바로 '원헬스(One Health)'다.

원헬스, 인간 너머의 건강

원헬스는 인간, 동물, 환경 세 영역이 상호연관성을 지닌다고 이해한다.[15] 쉽게 말해, 인간의 건강은 동물과 환경 모두의 건강을 통해 실현 가능하며, 질병을 예방하려면 이 세 영역을 통합적으로 관리해야 한다는 주장이다. 이 개념은 2003년 미국 수의학자 윌리엄 카레시(William B. Karesh)에 의해 처음 제기되었다.[16] 이후 2006년과 2007년 미국수의학협회와 미국의학협회가 각각 원헬스 업무추진단을 구성했고, 2008년에는 유엔식량농업기구, 세계동물보건기구가 유니세프 등과 공동으로 「하나의 세계에 기여하는 원헬스(Contributing to One World, One Health)」라는 선언문을 발표하면서 원헬스 개념의 구체적인 목표가 갖춰졌다.[17]

코로나19 팬데믹 아래 다시 주목받고 있는 원헬스 이론은 다학제적, 다층적 접근을 강조하며 다양한 실천과 논의를 이끌어왔으나, 상대적으로 덜 알려진 분야다. 아무래도 의학, 수의학, 환경이라는 친하기 쉽지 않은 서로 다른 담론이 공동의 주제를 탐구하는 데서 비롯되는 기본적인 어려움이 있었다. 인수공통감염병, 항생제 내성, 식품 안전, 환경오염 등이 원헬스에서 중요하게 다루는 주제다. 앞서 살핀 것처럼 인간, 동물, 환경은 이런 사안에서 서로 영향을 주고받으며, 그 과정에서 일어난 결과가 다시 우리에게 주어진다. 그 속에서 문제가 발생하면 원헬스 이론은 의학, 수의학, 공중보건, 환경공학, 보건경제학 등의 여러 분야가 함께 접근하여 해결책을 논의하고자 한다.

원헬스 개념은 현재 우리가 당면한 위기에 매력적인 접근법을 제공하지만, 나는 원헬스라는 표현에 조심해야 할 부분도 있다고 생각한다. 번역하자면 '하나의 건강'일 텐데, 여기에서 건강이란 무엇일까? 이 질문을 다루는 논문[18]에서는 원헬스의 건강을 개인, 인구, 생태계라는 세 층위로 나눈다. 요컨대 개인 수준에서는 인간과 동물의 건강을, 인구 수준에서는 공중보건과 (인간 집단과 동물 집단을 포함한) 인구 건강을, 그리고 생태계 수준에서는 생태계의 건강을 의미한다. 하지만 어떤 건강도 명확하게 정의된 바 없다는 문제가 있다. 그나마 인간의 건강에 관한 여러 논의가 있을 뿐,* 아직 동물의 건강이나 인구 건강, 생태계의 건강에 대해서는 무어라

* 「2. 마스크 쓰기라는 건강행동」에서 인간의 건강 개념에 관한 논의를 일부 다루었으나, 이 책에서 기존의 건강 개념과 최근 제시된 변화를 자세하게 설명하지는 않았다. 다시 간략하게 정리하면, 1947년 WHO의 "질병의 부재와 신체적, 정신적, 사회적 안녕"이라는 이상적 정의, 1977년 철학자 크리스토퍼 부어스(Christopher Boorse)의 "종적 기능의 평균"이라는 통계적 정의가 초창기에 제시된 건강 개념이다. 이후 인간 건강의 정의는 점차 "행복 달성을 위한 능력"이라는 전체론적 정의(레나르트 노르덴펠트(Lennart Nordenfelt))를 거쳐 "적응과 자기 조절을 위한 능력"이라는 실제적 정의(마흐텔트 후버(Machteld Huber))로 변화했다. 개념 변화와 의미에 관한 설명은 필자의 논문[19]에 자세하게 실려 있다.

정의하기 어렵다. 환경이 건강하다는 말이 그저 은유가 아니라면, 그것은 어떻게 정의되고 측정될 수 있을까?

앞서 참고한 논문은 한 학자의 정의를 예로 들며, 생태계의 건강이란 '육지와 해양의 생물, 무생물의 건강을 반영하는 통합적 접근'이라 말하는데, 그것은 여전히 모호하거나 순환적 정의일 뿐이다.(애초에 '건강'에 대한 정의에 다시 건강이라는 표현이 들어가선 안 된다.) 더구나 건강이란 단지 특정 상태의 기술이 아닌 규범적 차원의 기술이다. '나는 건강하다.'라는 말은 '나의 심박수는 60이고 혈압은 수축기 120mmHg, 이완기 80mmHg이며……'라는 현상의 나열로 설명될 수 없다. 건강은 필연적으로 '건강한 것은 선하고 건강하지 못한 것(또는 질병 상태)은 악하다'는 가치 평가를 반영한다. 개인 수준에서 인간이나 동물이 건강하다는 것은 이런 조건에 부합한다. 하지만 인구 수준에서 건강하지 못함과 악함은 어떻게 연결될 수 있을까? 생태계 수준에서는 어떠한가?

원헬스는 아직 이런 질문에 답할 준비가 되지 않은 것 같다. 하지만 원헬스 개념이 없다면 이런 논의를 정교하게 시작하기 어려운 것도 사실이다. 원헬스의 건강이 무엇인지 만족스러운 답을 내놓기는 이르지만, 이 책은 그 길을 모색하고자 지금까지 여러 사건과 주제를 살피고 돌아다녔다. 건강행동, 건강 불평등, 백신 분배, 돌봄, 장애와 노화, 죽음, 가족 이데올로기, 감염병 공포와 차별, 방역 정책, 후견주의, 환자 및 연구 참여자의 자발성, 데이터 활용 같은 주제는 우리가 팬데믹의 맥락에서 건강을 다시 생각해보기 위해 꼭 필요한 쟁점들이다. 아직 갈 길이 좀 더 남았지만, 지금까지의 여정을 통해 알게 된 것이 있다면 이제 건강에 관한 논의는 내몸의 차원에만 국한되지 않는다는 점이다. 건강은 미생물, 동물, 환경 등에 관한 우리의 태도와 실천을 반영하여 구현되며, 그것은 우리 사회의 형태나 움직임과 서로 영향을 주고받는다. 그렇다면 우리는 인간에게만 초점을 맞추던 이전의 체계를 벗어나, 건강을 다시 생각해야 한다. 건강하기 위해서라도 건강을 새롭게 정의해야 한다. 좀 더 넓은 차원에서, 좀 더 다양하게 말이다.

13

의료에서
인간중심주의를 넘어서기

팬데믹을 지나는 중간중간 같은 주장이 이름을 바꾸어 나타났다. '출구 전략', '탈출 방안', '위드 코로나', 또는 '코로나와 함께 살기' 등으로 명명되는 이 담론은, 코로나19를 완전히 없애는 것은 불가능하므로 너무 엄격한 거리두기나 격리 정책을 중단하고 중증 환자 관리에 역량을 집중하는 게 낫다고 말한다. 2021년 11월 우리는 이미 이 방향으로의 선회를 선언한 바 있다. 2022년 3월, 정부 정책은 코로나19 환자 전체가 아닌 중증 환자에게만 의료 자원을 투입하는 쪽으로 전면 전환하게 되었다. 실무 차원에서 그 준비가 잘 되었는지는 완전히 다른 문제이지만 말이다.

코로나19와 함께 살아가기 위한 준비

우리는 분명히 인정하고 넘어가야 한다. 이전의 사스나 메르스 같은 형태로 코로나19에 '종식 선언'을 하는 것은 불가능하다. 코로나19는 이미 변이를 거듭하며 인간 사회에 자리를 잡아가고 있다. 전 세계가 영향을 받았기 때문에 한 국가가 어떻게든 감염자 수를 0으로 줄인들, 바이러스는 다시 유입될 것이다. 따라서 '코로나19 위기'를 유지하는 정책은 언젠가 그쳐야 하며, 이전의 신종플루처럼 감염 후 상태가 위중한 경우만 별도로 관리해야 한다. 중요한 것은 그 시점을 정하는 문제다. 단도직입적으로 말해, '코로나와 함께 살기' 전략을 2021년 8월에 시행해도 되었을까? 실제로 조치가 시행됐던 2021년 11월에 우리는 준비가 되어 있었을까?

2021년 11월의 상황은 뒤에서 다시 다룰 것이므로 2021년 8월 당시의 상황으로 돌아가보자. 2021년 8월 12일 기준, 국내 백신접종 완료율은 막 15퍼센트를 넘었다. 확진자 수가 2000명을 초과하는 일수가 늘어나면서, 코로나19 중증 환자 병상이 부족해질 수 있다는 예측이 나왔다.[1] 이런 상황에서 방역 정책을 '위드 코로나' 전략으로 급선회한다면 감염자 수와 사망자 수가 늘어날 것은 명약관화였다. 8월에는 '위드 코로나'가 시행되지 않았지만, 누군가 2021년 8월에 이런 전략을 말한 데는 어떤 사람의 목숨이 다른 사람의 목숨보다 더 중요하다는 무의식적인 판단이 깔려 있었다고 생각한다.*
코로나19 중증 환자가 사망하는 것보다 경제적 어려움이 더
중요하다는 암묵적, 무의식적 결정이 녹아 있는 것이다. 의
식적으로도 코로나19 환자보다 경제가 중요하다고 생각하는
사람은 많지 않겠지만, 지금 당장 '위드 코로나'를 시작해야
한다는 주장이 그런 논리를 전제하고 있었다고 말하면 너무
과장일까. 이러한 무의식적 결정에 어떤 논리나 사고방식이
작용하고 있는지 들여다보면, 그 바탕에 환자, 장애인, 노인,
여성, 외국인, 성소수자의 생에 가치를 덜 부여하는 경향성이
있다. 그것은 18세기 계몽주의에서부터 지금까지 이어져온
인간중심주의의 과오다.

　단, 여기에서 짚어볼 점이 있다. 과학기술학 담론이나
기후위기 논의에서 특히 활발하게 다뤄져온 인간중심주의
비판은 이미 일정 수준 통용되고 있다. 그런데 의료 영역에
서 인간중심주의를 논하는 것은 더 어려운 일이다. 의료는
결국 사람을 치료하기 위해서 존재하는데, 인간중심주의가
아닌 다른 선택을 할 수 있을까? 현대 의료의 문제 해결에 필
요하다는 의료인문학이나 의료윤리 같은 분야에도 당장 '인
간을 위한 의료'를 알려달라는 요청이 들어오는 현 상황에서

---

* 후술하겠지만, 이것은 방역 정책 대 자영업자의 구도를 만든 정책적 오판
　으로 빚어진 결과다. 방역 정책이 자영업자에게 가져올 피해를 계산하고
　충분히 보상책을 마련했다면, 이런 구도는 만들어지지 않았을 것이다.

인간중심주의를 비판하는 것은 가능할까? 이런 질문을 더 밀고 나가보자. 우리가 만나는 모든 사물이 어떤 의미에서 살아 있다고 주장하는 생기론자의 주장을 통해서 말이다.

바이러스의 생기

미국의 정치학자 제인 베넷(Jane Bennett)은 저서 『생동하는 물질』에서 최근 주목받고 있는 신유물론*으로 아울릴 수 있는 주장을 펼친다. 그의 관심이 향하는 주제는 정치학에서 사물의 영향력이다. 아리스토텔레스가 "인간은 정치적 동물"이라고 말하며 인간의 특징을 구분했듯, 오랫동안 정치는 인간 단독의 영역이라는 생각이 당연하게 받아들여졌다. 그러나 베넷은 그에 동의하지 않는다. 정치에는 사물이 끊임없이 개입해 들어온다. 그의 주장은 물질성으로 인해 인간의 시야나 활동 영역이 제한된다는 식의 전통적인 인식과는 궤를 달리하는데, 사물이 직접 정치적인 상황에 영향을 미친다

---

* 신유물론은 1990년대 이후 등장한 새로운 사유의 경향을 총칭하는 표현으로, 기존의 인간중심적 사유에서 벗어나 생물과 무생물을 모두 고려하는 사유가 필요함을 주장하는 여러 인접 이론들을 가리킨다. 하나의 사유라고 묶어내기 어려울 정도로 다양한 이론들이 전개되고 있으나, 인간/비인간, 생명/비생명과 같은 근대적 이원론의 극복을 그 축의 하나로 살펴볼 수 있을 것이다.

고 말한다.[2]

사물이 직접 영향을 미친다니 무슨 뜻일까? 베넷은 책에서 자신이 지나가다 만난 쓰레기 더미의 예를 든다. 비닐장갑, 꽃가루 덩어리, 죽은 쥐, 플라스틱 병마개, 나뭇가지가 버려진 모습을 보고 자신이 받은 영향에 대해 기술한다. 기존의 관점에서 이런 영향은 인간이 사물의 풍경을 보고, 내부의 기억이나 정서의 작동을 통해 어떤 기분을 느낀 것으로 서술될 것이다. 그러나 베넷은 자신이 이런 쓰레기들로부터 받은 영향은 이전에 알고 있던 문화나 맥락으로 온전히 환원될 수 없는 바깥의 무언가를 가지고 있다고 말한다. 인간과 별개로 살아 움직여* 인간에게 영향을 미치는 사물의 능력, 이를 베넷은 사물-권력(thing-power)이라고 부른다.

쓰레기라는 사례가 잘 와닿지 않을 수 있으니, 베넷이 이야기하는 또 다른 예를 보자. 2003년 8월, 오하이오주와 미시건주 일대에서 정전이 시작되었다. 이 정전은 연결된 전기 송전선망에 부하를 일으켜 연쇄 반응을 불러왔으며, 결국 미국과 캐나다의 넓은 지역에 대규모 정전 사태가 발생했다. 전문가들은 5000만 명 이상이 고통을 겪은 이 사태를 해명하

* 베넷은 생명체와 같이 사물도 살아 있으며 스스로 움직인다고 표현하는 것이 이상하지 않다고 주장하며, 그 이론적 바탕으로 생기론(vitalism)을 제시한다. 단 베넷이 생각하는 사물의 생기란, 물질과 생명체를 구분하며 생명을 움직이는 생기(vital force)가 아니라 사물이 서로에게(인간, 동식물, 사물, 환경 모두를 포함) 영향을 미칠 수 있는 능력이다.

는 데 어려움을 겪었다. 그것은 한 사람이나 기관의 고의나 실수 때문에 벌어진 것이 아니라, 전기 자체의 특성, 발전 장치의 관리 부족, 송전선의 부하 한계, 오하이오주의 소규모 화재, 연결망을 제대로 보수하지 않은 전력 회사, 전기량을 고려하지 않고 낭비한 소비자, 1992년 에너지정책법으로 전력민영화를 실행한 연방 에너지규제위원회 등 연관된 사물과 인간의 계획 및 실천이 모두 결합된 결과물이었기 때문이다. 이 사태는 어느 한 요소를 빼놓고는 설명이 불가능하며, 특히 인간적 요소만 고려해서는 전체를 이해할 수 없다는 것을 시사한다. 초유의 대규모 정전 사태는 연결된 모든 사물과 인간이 배치된 방식에 의해 일어난 것이다.

코로나19 확산도 비슷한 방식으로 읽어낼 수 있다. 사실, 코로나19 최초 유행지를 탐지하려는 시도는 별로 유익하지 않은데, 그것이 미치는 정치적 영향과는 별개로 바이러스의 전 세계적 확산은 특정 개인의 의도나 실수로만 해명될 수 없기 때문이다. 코로나19 팬데믹을 설명하려면, 온난화가 초래한 박쥐 서식처의 변화, 박쥐 등 여러 야생동물을 포획해 판매하는 시장, 박쥐와 천산갑 사이 바이러스의 교환, 인간 호흡기 상피세포에 강한 친화성을 갖는 바이러스의 우연한 탄생, 지역 당국의 바이러스 봉쇄 정책 실패, 전 세계를 연결하는 항공망의 존재, 마스크 착용을 부정적인 것으로 인식하는 역사·문화적 영향, 각국의 방역 노력과 한계, 백신의 불평등한 분배, 빠른 변이를 일으키고 치료제 개발이 어려운 RNA바이러스의 특성 등 여러 요인을 동시에 살펴보아야 한다. 이 중 하나라도 빼놓는다면 2년 넘게 지속되고 있는 코로나19 사태는 제대로 해명되지 않는다. 그리고 이런 설명에는 인간적 요소만 개입하는 것이 아니다. 동물을 포함한 비인간 생명, 더 나아가 생명의 경계에 놓여 있는 바이러스,* 그리고 마스크 등의 사물이 코로나19 방역이라는 정책적 선택에 영향을 미친다. 그러므로 우리는 이들의 영향력을, 이런 사물들의 능력을 진지하게 고려해야 하지 않을까? 사물의 능력을 고려해야 하고 사물이 직접 정책에 영향을 미칠 수 있다는 주장은 우리의 인간중심주의적 사고에 직접적으로 도전한다. 인간적 활동은 인간만의 것이라는 생각이 틀렸다는 의미다. 이제 인간중심주의를 다르게 살펴볼 때다.

인간 대 비인간

인간중심주의 또는 휴머니즘이라는 사조는 인간에게는 너무 당연한 것인지도 모른다. '인간에게 가장 중요한 것은

---

* 바이러스는 평소에 비활성화 상태로 있다가, 세포와 만나면 세포의 여러 기관을 활용하여 생명활동을 한다. 이 때문에 바이러스는 생명과 물질의 중간에 놓여 있다고 말하곤 한다.

인간'이라는 주장은 인간이라면 포기할 수 없을 것이다. 이런 인간중심주의란 보통 르네상스 이후 발흥한 세계관으로 신화와 종교를 벗어난 인간이 인간을 모든 가치 척도의 중심에 놓는 것을 말한다. 비인간(동물, 사물, 환경)에 대해 인간을 중심에 놓는 사고 양태다. 피터 싱어(Peter Singer)는 종차별주의(speciesism) 논증을 통해 인간과 비인간을 차별할 근거가 취약하다는 것을 지적했고, 이러한 윤리적 문제 제기를 기반으로 인간중심주의에 대한 여러 비판이 이루어지고 있다.

이런 인간 대 비인간의 구도뿐 아니라, 인간중심주의의 또 다른 측면을 살펴야 한다. 인간중심주의가 말하는 '인간'이 모든 인간을 포함하지 않는다는 점이다. 인간중심주의가 대두하던 시대의 인간은 자유인, 서구 백인, 남성, 비장애인, 귀족, 신사(교양 교육을 받은 자)를 뜻했다. 노예, 비서구 유색인, 여성과 성소수자, 장애인, 평민, 교육받지 못한 자는 인간이 아니었다. 이 인간의 목록은 비판에 직면하기보다 당연하게 치부되었는데, 학문, 특히 철학을 하는 사람들이 목록에 포함되는 계층에 속했기 때문에 이런 조건이 너무나 자연스러웠다. 하지만 근대의 기획을 반성하는 철학의 조류, 예컨대 포스트모더니즘의 사유가 등장하면서 인간의 목록 또한 비판의 대상이 되었다. 모든 가치의 원천이던 신이 물러나고 그 자리를 인간이 차지했지만, 그 인간도 이제 물러날 때가 되었다는 것이다. 특히 물러나야 할 '인간'이란 바로 서구 백인 비장애인 이성애자 남성이다.

하지만 우리는 여전히 인간중심주의 시대에서 인간의 위계를 암묵적으로 받아들이며 살고 있다. 우리는 사물을 도구로 치부할 뿐, 그것이 미치는 영향을 진지하게 고려하지 않은 채 인간의 의도와 의지에만 집중한다. 그리고 모종의 판단과 의사 결정 과정에서 인간의 가치를 따질 때, (무의식 중에) 서양/동양, 백인/유색인, 비장애인/장애인, 남성/여성, 이성애자/동성애자의 위계를 상정한다. 서두에서 언급한 '위드 코로나' 관련 사안은 이런 인간중심주의적 사고가 묻어나온 경우라고 나는 생각한다. 인간중심주의라는 근대의 산물이 드리운 그림자가 우리를 특정한 결론으로 끌어당기는 것이라고 말이다.

의료가 인간중심주의를 벗어난다는 것

포스트휴머니즘(posthumanism)은 크게 세 가지 갈래로 묶어볼 수 있다. 하나는 철학적 담론에서 주체가 누리는 독점적 지위를 비판하고 주체를 다른 방식으로 이해하거나 구성하는 사상을 의미한다. 다른 하나는 과학적 맥락에서 현재 인간의 생물학적 상태를 과학기술의 도움을 받아 벗어나려는 노력을 가리키며, 트랜스휴머니즘(transhumanism)이라 부르기도 한다. 세 번째는 인간중심주의의 '인간'을 비판하고 그동안 배제되었던 인간들을 초청하는 것이다.[3]

유전자 조작이나 사이보그를 말하는 트랜스휴머니즘은 주제와 상이하므로 별도의 맥락에서 탐구할 필요가 있다는 정도의 언급만 덧붙인다. 코로나19 팬데믹은 사물과의 연관성, 그리고 그동안 소외된 인간 집단을 향한 관심이라는 점에서 포스트휴머니즘 논의와 만난다. 인간을 위하는 것이 당연한 의료에서, 인간중심주의를 벗어난다는 것의 의미가 바로 여기에 있다. 의료에서 포스트휴머니즘이란 '우리'를 살리기 위해 희생되어온 '그들'의 목소리를 듣는 것이다. 예컨대 앞서 살펴본 원헬스의 주장을 철학적 차원에서 다시 점검한다면, 그동안 인간을 위해 희생되어온 동물과 환경을 심각하게 고려하고, 그들의 외침을 이제는 들어야 한다는 주장으로 이해할 수 있다. 나아가, 특정한 인간 집단에만 집중되어온 의학적 자원에 평등을 외치는 일로도 해석할 수 있다.

나는 이런 비판이 그동안 한국을 지배해온 '살려야 한다.'라는 주술에서 우리를 벗어나게 하리라고 믿는다. 6·25 이후 한국 의료는 이 명제를 당연시해왔지만, 그 의미가 무엇인지 제대로 고찰하지는 못했다. 사람을 살리는 것에 반대할 사람이 있겠는가. 그러나 어떤 사람부터 살려야 할까? 인간을 살리기 위해서라면 다른 모든 비인간은 희생되어도 될까? '살려야 한다.'라는 명제는 애초부터 '모두'를 위한 것이 아닐뿐더러, 계속 소수를 희생하여 다수를 살리는 식으로 실현되어왔다. 이런 사실을 적시할 뿐 아니라, 우리 사회에서 이 주술이 어떻게 작동해왔는지, 지금까지 우리가 어떻게 그 유령에 사로잡혀 조종되어왔는지를 면밀하게 살피고 드러내야 한다.

많은 사람을 살리는 것이 좋은 일이라고 해도, 우리는 희생당하는 무엇 또는 누군가가 있음을 기억해야 한다. 그리고 만약 비인간 또는 소수의 희생이 필연적이라고 한다면, 그것이 어떻게 정당화될 수 있는지, 그 희생은 어떻게 보상할 수 있는지 살펴야 한다. 다수에게 이득이라는 말로 희생을 용납하는 시대는 지났다. 무규범 상태가 문제라면 새로운 규범을 만들어야 한다. 대안의 하나로, 나는 배제된 타인을 초청하는 포스트휴머니즘을 생각한다. 우리는 인간에 대한 위계적 인식을 벗어나 새로운 결정의 방법을 발명해야 한다. 코로나19 '출구 전략'을 고려할 때도 다양한 삶이 서로 존중받을 수 있는 결정을 내려야 한다고 믿는다.

데이터 보호보다
중요한 것

주지하다시피 우리에겐 변화하는 상황에 빠르게 대처
할 수 있는 강화*의 방법이 필요하다. 현재 그에 부합하는 기
술은 '디지털 헬스케어'로 총칭하는 의료, 인터넷, 데이터, 분
석 기법의 결합체다. 이때 디지털 헬스케어란 누군가의 손에
들려 있을 웨어러블 디바이스 같은 것만을 뜻하는 것이 아니

---

* 여기에서 말하는 강화는 집단적 방식으로 주어질 수 있는 보호와 구분하기
  위해 사용한 표현이다. 결국 의료 차원이든 방역 차원이든 정부 또는 사회
  의 가부장적 보호의 틀이 지닌 한계를 극복하려면 개인 또한 자신의 건강
  을 위해 노력하고, 자기 결정의 측면을 확보하기 위해 지지·지원하는 방안
  을 확장할 필요가 있다. 이런 개인의 추구를 역량강화(empowerment)라고
  부를 수 있을 텐데, 이를 포함한 사회의 보호를 포괄하기 위해 강화라는 표
  현을 사용했다.

다. 이를테면 중환자실 정보를 인터넷으로 전송해 대량의 환자를 관리하는 것도 디지털 헬스케어요, 코로나19 방역 정책 전환 과정에서 재택치료 관리에 원격 모니터링 장비를 활용하는 것도 디지털 헬스케어다. 심지어 방향이나 역할은 조금 다르지만, 감염병에 관련된 빅데이터를 수집하여 분석·활용하는 것도 디지털 헬스케어의 일환으로 볼 수 있다.

앞서 디지털 기술의 위험을 살펴보기도 했지만, 그렇다고 디지털 기술 일반을 내칠 수는 없다. 인력을 통한 감염병 감시와 추적에 한계가 있다면, 빠르게 발전하고 있는 디지털 기술에 손을 내밀 수밖에 없다. 현재 우리에게 다른 추가적인 선택지가 없을 뿐 아니라, 디지털 기술이 약속하는 치료적 이익이 막대하기 때문이다.

프라이버시 침해 대 공공의 이익

지금까지 디지털 기술이 내포하고 있는 개인정보 또는 프라이버시 침해 가능성에 대한 문제 제기가 있어왔다. 하지만 의료 또는 공중보건에서 디지털 기술을 활용하여 실현될 공공의 이익은 무시할 수 없다. 특히 팬데믹 상황에서 디지털 기술을 통한 집단의 보호는 바이러스의 공격에서 사회를 안정시키고 일상을 영위하기 위한 중요한 수단이다. 그렇다면 핵심적인 과제는 프라이버시 침해로 개인이 입게 될 위해와, 보건의료 디지털 기술로 얻게 될 전체의 이익 사이에서 균형 잡기다. 개인은 집단의 이익을 위해 자신에게 생길 수 있는 피해를 어디까지 용인해야 할까? 흥미롭게도 그에 대한 학계와 일반의 답에서 상당한 인식 차이가 드러난다. 학계는 전통적으로 프라이버시 침해를 심각한 문제로 전제하고, 개인이 개인정보 제공을 원치 않을 것이라고 예상했다. 그러나 실제는 이런 예상과 다르다. 2020년 5월 18일, 대통령 직속 4차산업혁명위원회가 시행·발표한 데이터 3법* 개정에 관한 설문 조사 결과를 보면,[1] 활용 목적별 가명 처리 개인정보 제공 의향 부분에서 의료보건 기술 개발 항목에 대한 긍정적 답변이 87퍼센트로 압도적으로 높았다.

이 결과를 놓고 여러 해석이 가능하다. "의료보건 기술 개발"을 위한 자료 제공이라는 내용을 설문 응답자가 충분히 이해하지 못하여, 민감정보**로 구성된 보건의료 정보 제공 시 발생할 수 있는 위해가 제대로 고려되지 않았다고 볼 수 있다. 또 개인과 밀접하게 연결된 의료 행위와 달리, 의료보건 기술 개발이라는 표현이 개인과는 거리가 있는 것으로 여

---

* 데이터 3법은 개인정보 등의 데이터 이용을 활성화할 수 있도록 규제를 완화한 세 가지 법률(개인정보보호법, 정보통신망법, 신용정보법)을 총칭한다.

** 사상, 신념, 정치, 건강 등 정보 제공자의 사생활을 심각하게 침해할 우려가 있는 개인정보.

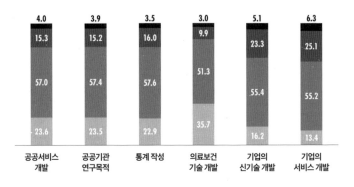

활용 목적별 가명 처리 개인정보 제공 의향(%)

	공공서비스 개발	공공기관 연구목적	통계 작성	의료보건 기술 개발	기업의 신기술 개발	기업의 서비스 개발
(상단)	4.0	3.9	3.5	3.0	5.1	6.3
	15.3	15.2	16.0	9.9	23.3	25.1
	57.0	57.4	57.6	51.3	55.4	55.2
	23.6	23.5	22.9	35.7	16.2	13.4

■ 전혀 없다　■ 없다　■ 있다　■ 매우 많다

겨졌다고 볼 수도 있다. 그러나 이런 결과가 국내에서만 나타나는 것은 아니다. 예컨대 개인의 권리 인식이 뚜렷한 영미권의 설문 결과에서도 비슷한 양상이 나타난다. 설문 결과를 곧이곧대로 받아들이기보다 질문의 맥락을 살펴야 하는 것이다.

디지털 추적 기술을 활용하는 다양한 방법

'오미크론 대응 방역·의료체계 전환' 방침이 나오면서 역학 조사가 '확진자 자기 기입' 방식으로 전환되기 이전 방역 당국의 확진자 추적·관리는 '인력을 통한 추적(manual tracing)'에 의존했다. 역학조사관이 확진자를 면담하고 확진자가 방문한 지역의 정보와 기록을 확인해 전파 가능성이 있는 사람들에게 확진자 접촉 사실을 알리고 검사를 받도록 하는 것이다.[2] 한국에서는 역학조사관이 전자출입명부나 신용카드 및 교통카드 사용 내역, 스마트폰 GPS 이동 경로 등의 디지털 데이터를 함께 받아서 감염 추적에 활용하는 것을 당연하게 여기지만, 외국에서는 이런 정보의 활용을 문제시하는 경우가 많다. 스마트폰 등을 역학 조사에 활용해 얻을 수 있는 팬데믹 대응의 효율성이 더 높다고 보느냐, 그에 따른 개인의 권리 침해 등 부작용이 더 크다고 보느냐에 따라 나라마다 스마트폰 추적 기술을 다른 방식으로 활용하고자 노력해왔다.

중국이나 한국처럼, 스마트폰 GPS와 CCTV 영상 등 가용 자원을 모두 쓰는 방식이 감염병 추적에서 디지털 기술을 활용하는 최대한의 정책적 접근법(maximal approach)이다. 이런 정책의 특징은 스마트폰이나 카드 사용 데이터 등을 정부 기관 등이 한곳에 수집하여 활용하는 것이다. 중국은 디지털 데이터를 적극적으로 활용한 고도의 감염병 추적, 감시 체계를 구축하였고, 국제 사회로부터 인권 침해라는 비판을 많이 받았다. 하지만 이런 정책을 바탕으로 중국은 델타 변이가 다시 확산하기 시작한 2021년 7월 전까지 공식 통계로는 코로나19 확산이 발생하지 않는 상황을 유지했다. 한국 또한 코로나19 추적에 디지털 데이터를 적극적으로 활용하면서 독일, 프랑스 등지에서 비판받기도 했지만, 이런 적극성이 오미크론 변이가 우세종화하기 전까지 코로나19의 확산을 상당히 억제하는 역할을 해왔음을 부정하기도 어렵다.

반대편에는 데이터 활용의 최소한도 접근법(minimal approach)을 추구하는 움직임이 있다. 구글-애플이 개발한 접촉 알림(Google-Apple Exposure Notification)이 대표적인 예로, 이 시스템은 두 개의 스마트폰이 일정 시간 가까이 위치해 있으면 스마트폰 각각에 상대방을 암호화된 기록으로 남기고, 이를 일정 기간 보관한다. 그 사이에 사용자가 확진 판정을 받아 스마트폰에 자신의 확진 사실을 표시하면, 서로 기록을 주고받은 스마트폰 사용자에게 접촉자 확진 알림이 전달된다. 이렇게 하면 데이터가 중앙 서버에 수집되지 않고 개별 스마트폰에만 암호화된 방식으로 기록되므로 사용자의 프라이버시 침해 우려가 매우 낮거나 없다는 장점을 지닌다. 반면 자료가 수집되지 않아 역학 조사에 활용할 수 없다는 단점이 있고, 스마트폰 접촉 확인이 저전력 블루투스 신호에 의존하여 실내 등에서 오작동 가능성이 있다는 한계를 지닌다.

두 안을 절충한 중간 지대 접근법(middle-ground approach)도 있다. 기본적인 내용은 최소한도 접근법과 유사하나 접촉 기록이 중앙 서버로 전달된다. GPS 정보를 같이 수집하는 경우도 있다. 최대한의 접근법에서처럼 신용카드 사용 기록이나 CCTV 영상 정보 같은 자료까지 적극적으로 수집하지는 않지만, 중간 지대 접근법 역시 기록이 중앙에 집중되고 때에 따라 GPS 정보를 수집하기 때문에 개인정보 취급에 대한 우려가 뒤따른다.

이런 세 가지 방법 중에서 절대적으로 어느 쪽이 나은가를 따지기는 어렵다. 감염병 추적에 디지털 기술과 개인정보를 활용하는 방식에는 각국의 사회문화적 특성이 반영되기 때문이다. 이를테면 한국의 최대한의 접근법 활용은 해외의 비판을 받았으나, 국내에선 동선 공개 범위가 문제 되었을 뿐 정보 수집 자체를 문제 삼은 논의는 찾아보기 어렵다.* 대량의 정보 수집 자체가 인권 침해 가능성이 상당함에도 논의가 부족했던 것은 관련 논의의 역사가 짧은 한국 사회의 특성 때문으로 이해해야 할까. 영국은 중간 지대 접근법을 채택했다. 코로나19 관련 접촉 기록은 이번 팬데믹 종식 이후 다가올 또 다른 팬데믹의 대처법 개발에 중요한 자료이므로, 해당 데이터를 중앙 서버에서 관리할 필요가 있다는 입장을 밝혔다.[3] 한편 설문 조사 연구에 따르면,[4] 영국 시민은 팬데믹에 대처하기 위한 스마트폰 활용 감염병 추적 기법에 높은

---

* 정보인권연구소에서 발간한 「코로나19와 정보인권」 보고서가 관련 내용을 다룬 거의 유일한 국내 문헌이다. 코로나19 상황에서 국가의 정보 수집에 대한 문제는 일부 논문에서 산발적으로 다루어진 적은 있으나, 담론화되지 않았다.

수용도(70퍼센트 이상)를 나타냈다.

　미국, 프랑스, 독일 등 스마트폰 데이터 활용이나 접촉 알림에 적극적이지 않았던 국가를 포함한 여러 국가 거주자를 대상으로 스마트폰 기반 감염병 추적에 관한 대규모 설문이 진행된 바 있다.[5] 68퍼센트 이상의 참여자가 접촉 추적 앱을 설치할 의향이 있다고 밝혔고, 절대 사용하지 않겠다는 응답은 10퍼센트 미만이었다. 이는 백신 접종을 부정하거나 반대하는 인구 비율이 조사에 따라 50퍼센트 이상까지 나오는 것과 비교할 때, 스마트폰을 이용한 추적 기술을 효과적으로 활용할 수 있으리라는 기대를 품게 한다.

　사람들은 디지털 기술로 인한 프라이버시 침해를 염려한다. 하지만 그것은 개인정보 보호의 적극적인 측면보다는, 정보 탈취로부터의 보호라는 소극적인 측면에 국한한다고 이해할 수 있다. 예컨대 개인정보 노출이나 해킹 등으로 피해가 발생하지 않는다는 조건이 충족되면 적극적으로 스마트폰 기반 접촉자 추적 기술을 활용하겠다는 응답 비율은 증가하였다. 즉 한국뿐 아니라 여러 나라에서 많은 사람이 이미 팬데믹 대처를 위한 개인정보 활용을 수용하고 있다고 봐도 무리가 없을 것이다. 이것이 곧 방역을 위해 데이터를 마음대로 활용해도 된다는 의미는 물론 아니다. 충분히 살핀 것처럼, 정부든 기업이든 데이터 활용 주체의 접근 방식에 따라 데이터는 개인의 목을 조르는 데 얼마든지 이용될 수 있기 때문이다. 따라서 데이터 활용을 어느 선에서 조율해야 할지에 대한 논의가 필요하다.

데이터 활용에 관한 역량강화

보건 정책은 오랫동안 기본적으로 강제성을 포함해왔다. 어느 정도 개인의 자율성 침해나 개인의 권리 희생을 감수하도록 설정되어왔다는 의미이기도 하다. 팬데믹하에서도 사회적 거리두기나 백신 접종 정책은 개인의 위해와 사회의 이득이 충돌하는 지점으로 그려진다. 따라서 공중보건 정책에 관한 윤리적 논의 또한 서로 배치되는 개인의 프라이버시와 공공의 이득 사이에서 어떻게 균형을 잡을 것인가를 논한다.[6]

그러나 앞서 살핀 설문 결과에 기초할 때, 나는 코로나19 대응에 디지털 데이터를 활용하는 방향을 다르게 설정할 수도 있다고 생각한다. 스마트폰 및 디지털 추적 기술 등을 이용함에 있어 사용자의 능동적인 개인정보 보안뿐 아니라, 디지털 기술 활용에 대한 사회 참여의 역량강화를 전제로 그것을 북돋는 정책을 설계하는 것이다. 이것이 개인의 강화와 사회의 이득이라는 두 마리 토끼를 모두 잡는 길이 될 수 있다. 역량강화란 단순히 개인이 능력을 향상하는 것을 넘어 자신의 권리를 통제할 수 있도록 힘이나 권한을 부여하는 (정치적) 과정을 의미한다. 역량강화 과정을 통해 개인은 자기결정권을 확보하며, 책임 있는 선택을 내릴 수 있도록 지역사회나 정책의 지원을 받는다. 이 개념은 일견 개인의 지식 획득을 통한 행동 변화를 의미하는 것처럼 보이지만, 그 목적은 권력 균형의 변화에 있다. 예컨대 의료 환경에서 환자의 역량강화란 의료인의 권력을 환자와 나누고, 환자를 자기 신체와 가치의 전문가로 인식하여 환자의 참여를 이끌어내는 것을 의미한다. 그러려면 건강정보 문해력(health literacy)의 향상, 의료적 의사 결정 구조의 변화, 환자-의료인 관계의 변화 등과 함께 의료적 인식의 전환이 필요하다. 의학적 지식을 쥔 의료인을 따를 수밖에 없는 환자가 아니라, 역량강화를 통해 의료인의 전문가적 충고를 이해하고 수용하며 전체 결정 구조에 참여하고 발언할 수 있는 환자로 다시 자리매김하는 것이다.

개인정보 보호와 관련해 개인정보 자기결정권이 국내에서 법적 권리로 인정받은 지도 15년 이상이 흘렀다. 디지털 기술이 발전하면서 헌법이 명시하는 사생활의 비밀과 자유에 대한 보장만으로는 한계가 있다는 인식하에 개인정보 자기결정권이 도입되었다. 하지만 개인정보에 대한 자율성의 행사가 구체적으로 무엇을 의미하는지를 둘러싼 논의가 분분하다. 이 권리는 정보 주체가 개인정보의 활용 양상 및 범위를 결정할 수 있음을 의미한다고 하나,[7] 데이터의 분석 및 활용이 복잡하게 이루어지는 현재의 기술 환경에서 개인이 기업이나 정부가 어떻게 자신의 개인정보를 활용하는지, 그 범위는 어디까지인지 알기는 쉽지 않다. 이런 상황에서 개인 정보 자기결정권은 개인의 정보 보호라는 소극적 의미에 그칠 것이 아니라, 개인이 스스로 정보를 인지·관리할 수 있도록 지원한다는 적극적 의미에서 추구되어야 한다. 법학에서는 개인정보 자기결정권의 소극적 의미를 타인으로부터 사생활을 침해받지 않으며 공개되지 않을 보호적 권리로, 적극적 의미를 자기 정보에 관해 정보 주체가 부여받는 자율적 통제권으로 해석한다.[8]

그러나 의료와 마찬가지로, 정보기술 활용에 관한 전문 지식이 고도로 복잡하고 개인이 망라하기 거의 불가능한 현실에서 자율적 통제권을 강조하는 것은 달성하기 힘든 목표다. 충분한 설명에 의한 동의(informed consent), 즉 정보 활용의 내용, 범위, 관리, 삭제 등을 정보 주체가 충분히 이해한 상태에서 정보 사용에 동의하는 것이 주체에 자율성을 부여하는 방식(의료 환경에서도 활용하는 방식)일 수 있다. 하지만 일생에서 몇 번 결정을 내리지 않아도 되는 수술이나 치료와 달리, 일상에서 손쉽게 마주하는 개인정보 수집, 활용 상황에 이러한 동의 규칙을 적용할 수 있는지 의문을 품게 된다. 따라서 나는 여기에서 주체가 개인정보를 활용할 수 있도록 돕고 지지하는 이행적, 정책적 활동을 개인정보 자기결정권의 적극적 의미로 주장한다. 이를 달성하기 위해서 더 주요하게 살펴야 할 문제는 동의 구조보다 개인의 역량강화다.

이를 위해 필요한 것이 바로 디지털 기술의 이행 과정에서 사용자의 개인정보 활용에 관한 역량강화를 추구하도록 정부와 기업에 요구하는 일이다. 스마트폰을 이용한 감염병 추적 기술 사례에서 역량강화란, 기술 활용이 개인의 프라이버시를 보호하는 것을 넘어, 개인에게 적극적으로 자기 개인정보의 활용 방향을 결정할 수 있는 권한을 주는 것을 의미한다. 기업의 사례이지만, 애플은 2021년 5월부터 사용자가 앱의 맞춤형 광고 허용 여부를 결정할 수 있도록 '앱 추적 투명성' 기능을 제공하고 있다. 맞춤형 광고는 개인의 앱 사용 시 발생하는 개인정보를 서버로 전달하여 제공되는데, 이런 개인정보 전달 여부를 선택할 수 있게 된 것이다. 광고에 대한 여러 논의와는 별개로, 이런 기능은 역량강화 측면에서 긍정적이라고 볼 수 있다. 사용자가 자신의 정보 이동을 인식하고 그에 관한 선택권을 가지기 때문이다.

상보적 관계를 추구하기

보건의료 분야에서 역량강화적 접근이 필요한 이유는 무엇일까? 먼저, 스마트폰 추적 기술이 효과를 나타내려면 다수의 활용이 전제되어야 하기 때문이다. 인구의 20~30퍼센트가 감염병 추적 앱을 사용한다면 그 효용은 거의 0에 수렴한다. 앱 사용자가 너무 적어 접촉 사실을 파악하는 데 명확한 한계를 갖게 되기 때문이다. 반면 인구의 70퍼센트 이상이 앱을 사용할 때, 그 효용은 기하급수적으로 증가한다. 다수의 참여를 기반으로 확진자 접촉에 관한 정보를 정확하게 파악할 수 있을 뿐 아니라, 앱을 제공한 기업이나 정부가 사용자망을 바탕으로 감염 확산 패턴이나 감염 발생의 환경적 특징 등을 분석하는 데이터 기반 접근을 시도하여 활용 범위를 높일 수 있다. 그 과정은 시민의 참여를 바탕으로 진행되기에 추가적인 위해나 부작용을 일정 수준 안에서 관리 가능할 것이다.

둘째, 정보의 활용 방식에 대한 개인의 관심을 고취할 때, 정책이 개인을 위해 봉사하는 지반이 마련된다. 사회의 공적 이익을 추구하는 가운데 개인 또한 자신의 정보 통제권을 확보하는 상보적 정책을 기획할 수 있는 덕분이다. 오랫동안 전제되어온 개인의 프라이버시와 사회의 공적 이익이라는 대립 구도를 벗어나는 것이다. 이것이 바로 과거의 수기(manual) 보건 정책과 현재의 디지털 보건 정책이 차이 나게 되는 지점이다. 디지털 기술을 통해 개인이 충분한 지식 속에서 자기 정보 활용을 자발적으로 결정하고, 개인의 강화와 집단의 이익을 동시에 추구하는 여건을 구현할 가능성이 생겨난다.

상보적 정책을 설정하는 과제는 이중의 목표를 취하고 있어 이론적으로나 실천적으로나 결코 쉬운 방법은 아니다. 한쪽에는 디지털 기술을 통한 과잉 감시가 빅브러더 사회를 구현하리라는 위협이, 다른 한쪽에는 정보 탈취의 두려움으로 개인이 자기 정보에 대한 모든 접근을 통제하여 결국 사회 전체의 이득이 감소하는 위험이 자리한 사이에서 어려운 외줄 타기를 해야 하는 셈이다. 그것이 기존의 관점에서는 애매한 절충안으로 느껴질 수도 있다. 하지만 앞서 살펴봤듯 개인의 역량강화를 전제한 디지털 기술의 활용이라면 우리는 다른 길을 낼 수도 있다. 코로나19와 앞으로 다시 찾아올 다른 팬데믹을 극복하고 우리를 강화하기 위해서 디지털 기술에 접근하는 새로운 방식을 배워야 할 때가 되었다고 믿는다. 그 배움의 길을 정책의 목표로 삼자는 것이 그렇게 무리한 요구는 아닐 것이다.

보론

다시 일상으로
돌아가려면

2021년 11월, 코로나19를 이제 가볍게 여길 수 있으리라 생각했던 우리는 '위드 코로나'를 시작했다. '코로나와 함께'라는 표현이 가리키고 있는 것과는 달리, 당시의 결정이 자영업계의 피해를 더 끌고 가기 어렵다는 정치적 판단으로 내려졌다는 것이 문제의 시작이었고, 우리는 철저히 실패했다.

2021년 12월, 코로나19 확진자 수가 일일 7000명을 넘나들었다. 이 숫자 자체가 문제였던 것은 아니다. 일일 확진자 1만 명이 나오더라도 그 수가 문제는 아니다. 문제는 새로운 지표가 되는 위중증 환자 수, 즉 코로나19 감염 환자 중 상태가 위독해져 중환자실에서 집중 치료를 받아야 하는 환자의 수가 얼마나 늘어나는가였다. 위중증 환자 수가 1000명을 넘어서자 우리는 위드 코로나를 포기해야 했다.

　2022년 1월 말부터 코로나19 확진자 수는 고삐 풀린 듯 늘어나기 시작했다. 오미크론 변이라서 괜찮다는 분위기가 대선 국면과 함께 조성되었다. 2022년 3월 초, 일일 확진자 수가 30만 명을 넘어서면서 한국은 현재 코로나19 확진자가 가장 많이 나오는 국가에 올라섰다. 이런 상황에서 정부는 더 이상 코로나19를 이전처럼 관리하지 않겠다는 신호를 여러 방향으로 보내고 있다. 이를테면 이제 코로나19 환자를 별도로 격리해 관리하지 않고 일반 병상에서 치료하라고 병원에 권고한다.[1]

　최근의 상황에 관해 무엇을 말해야 할까? 정부의 잘못에 대한 지적은 필요하다. 그러나 다분히 '정치적' 의도를 품고 2021년 말에 출간된 『K-방역은 없다』처럼[2] 정부의 모든 선택을 덮어놓고 비판하는 것은 그 자체로 잘못이다. 이 시점에서 정부의 오판은 크게 '섣부른 선택'이라고 말할 수 있겠다. 여기에서 중요한 것은 무엇이 섣부른가, 또는 무엇 때문에 섣부른 선택인가를 확인하는 일이다. 이 작업을 수행해야 비로소 우리는 사회적 거리두기 다음을, 오미크론 다음을, 즉 현재의 팬데믹에 효과적으로 대응하고 나아가 팬데믹이 상존하는 상태에서 어떻게 사회를 운영할 것인지를 논의할 수 있다. 아직 2022년의 남은 시간이 어떻게 전개될지 말하기 어렵고, 무조건 억제책만 쓰기에 한계가 있는 것도 사실이다.

그러나 앞으로 나아갈 방향을 살피기 위해 우리는 2021년 말에 벌어졌던 문제를 복기해볼 필요가 있다. 2022년, 오미크론 이후를 결정하는 것은 바로 이런 고려들을 어떻게 반영할지에 달려 있다.

질병관리청의 오판에 대해

거리두기 완화 결정에 영향을 미친 여러 요인 가운데 몇 가지를 이렇게 요약해볼 수 있겠다. 첫째, 대선을 앞둔 상황에서 자영업자의 불만을 덮어두기가 어려웠다. 둘째, 코로나19 백신의 효과를 과신했다. 셋째, 한국의 의료 대응력을 잘못 계산했다. 넷째, 병원 일선의 상황과 여타 사람들의 인식 간에 존재하는 온도 차를 고려하지 못했다. 각 요소는 결정에 중요한 영향을 미친 것으로 보인다. 각각의 판단을 살펴보기에 앞서 (관계자와의 사적 교류를 포함해) 내가 얻을 수 있는 정보를 총동원했지만, 외부자의 관점이라는 한계가 있음을 먼저 밝혀둔다.

자영업자 대 정부라는 대립 구도

코로나19 거리두기 국면에서 모두가 피해를 봤지만, 특별히 큰 피해를 입은 사람들은 자영업자다.[3] 정부가 내린 사회적 거리두기 명령이 요식업 등의 가게 영업을 금지하거나 축소하는 방향으로 진행되었기 때문에 거리두기는 자영업자를 희생시켜 감염 확산을 줄이는 정책으로 인식되었다.[4] 코로나19에 대한 가장 확실한 물리적 대응으로 마스크 착용을 통한 바이러스 전파 방지를 꼽는다면, 마스크를 벗어야만 하는 식음료 음용 등의 제한은 필수적인 선택이었다고 말할 수도 있겠다.

문제는 이런 정책이 자영업자 대 방역 당국이라는 대결 구도를 형성했다는 것이다. 정부는 뒤늦게 자영업자와 소상공인을 대상으로 한 지원책을 내놓았지만,[5] 너무 늦은 결정이었다. 특정 업종 제한이 방역 정책상 필연적이었다면, 사회적 거리두기를 시작하는 시점부터 이들을 대상으로 한 포괄적 지원책을 고민했어야 했다. 하지만 알다시피 정부는 특정 집단을 대상으로 하는 지원책을 마련하는 대신 전 국민에게 지원금을 제공하는 정책을 선택했다.[6] 그럼으로써 소비를 진작하고, 소비 증가로 자영업자를 구제한다는 목적이었다면 바로 자영업자와 소상공인에게 지원금을 제공하는 게 낫지 않았을까.[7] 정책은 그 실효성을 따져야 함에도 정책 결정이 지지율을 따라갔다는 생각이 든다는 점이 무엇보다 아쉽다.

자영업자의 생존 대 코로나19 방역이라는 구도는 2022년 초까지도 해결되지 않았다. 새 정부가 자영업자 보상을 약속했으므로, 영업 제한을 활용해 감염 확산을 조절하면서도 지금까지 입은 피해를 어떻게 보상할지에 대한 논의가 필요한 것은 분명하다. 일단 자영업자의 경우 업장의 손해가 개인의 책임인지, 사회적 거리두기로 인한 정책적 책임인지에 대한 구분이 필요하며, 이 구분이 자의적일지라도 다수가 합의할 수 있는 선을 마련해야 한다.[8] 이것이 '꼭 사회적 거리두기 때문에 손해를 보았다고 말할 수 있는가?'라는 질문, 즉 현재 자영업자 지원을 가로막는 심리적 장벽과 규범적 기준에 대한 이론적 해결책을 제시할 수 있다. 그 합의점에서 정책적 피해라 할 만한 부분은 충분히 보상하는 결정을 내릴 때, 현재의 대립 구도는 해소될 수 있을 것이다.

코로나19 백신의 효능

일각에서 제기된 괴담이나 백신 무용론은 논의의 가치가 없다. 백신에 이물질을 주입해 사람을 조종할 수 있는 기술이 있다면, 우리는 이미 다 '그들'에게 조종당하고 있을 것이기에 질문을 품는 것 자체가 무용하다. 백신이 이후에 미칠 효과를 장담할 수 없다면, 우리는 당장 과학기술의 영향이 미치지 않는 두메산골을(그런 곳이 존재한다면) 찾아야 하지 않을까. 백신은 무용하지 않다. 그러나 생각만큼 효과를 보이지 않은 것도 사실이다.

우리는 2021년 내내 아스트라제네카, 화이자, 모더나에서 제공한 백신의 예방 효과를 말했다. 그러나 이는 사람들이 일반적으로 생각했던 백신의 '효과'와는 다른 것을 의미한다. 여기에서 발생한 오해로 일부 사람들과 심지어 일부 의사들마저 백신 무용론을 제기하는 결과를 낳은 것은 아닌지 추측해볼 수 있다. 우리가 추산한 백신의 효과는 백신 접종 이후, 접종 대상자의 몇 퍼센트가 검사에서 코로나19 확진이 되지 않았는지, 병원에 입원하거나 사망하지 않았는지를 계산한 것이다. 이때 접종 대상자에게 의도적으로 코로나19를 노출시킨 것이 아니기 때문에, 사람들이 백신의 '효과'라고 말할 때의 의미, 이를테면 '백신을 접종받은 사람의 몸 속에 코로나 바이러스가 들어갔지만 백신이 효과를 발휘해 코로나19 감염을 막았는지, 또는 병원에 입원하지 않았는지' 여부는 알 수가 없다. 우리가 알 수 있는 백신의 효능(effectiveness)은 대조군(백신을 맞지 않은 사람들)에 비해 코로나19 확진율, 입원율, 사망률이 감소했다는 사실뿐이다.

이 감소는 당연히 의미가 있으며, 따라서 백신은 '유용'하다. 그러나 그 값이 대중이나 심지어는 질병관리청의 기대만큼 현실적인 의미를 가졌던 것은 아님을 우리는 후향적(後向的)으로 확인했다. 무엇보다 백신의 효력이 몇 개월 후 크게 감소해 부스터샷 접종이 필요하다는 것을 모두가 인식한 때는 위드 코로나 시행 이후다. 적어도 9월까지는 부스터샷의 효과를 반신반의하고 있었으니까.[9] 11월 초까지만 해도 당국은 백신 2차 접종 완료율만 끌어올리면 문제가 어느 정도 해결될 것으로 생각했으며, 국민의 70퍼센트가 접종받은 시점에서 위드 코로나의 시행을 낙관했다.[10] 그러나 결과는 모두가 알고 있듯 돌파 감염이 일어났으며, 백신을 접종받은 사람 중에도 위중증 환자와 사망자가 발생했다.

코로나19 발생률 및 접종 예방 효과*(2021년 11월 4주 차 기준)

		백신 미접종자			백신 접종자			예방 효과 (%)
		대상자 (명)	환자 (명)	발생률 (%)	대상자 (명)	환자 (명)	발생률 (%)	
60~74세	감염	557,484	711	18.22	8,357,507	5,601	9.57	47.5
	위중증		38	0.97		35	0.06	93.9
	사망		8	0.21		6	0.01	95.0
75세 이상	감염	376,647	357	13.54	3,039,257	1,844	8.67	36.0
	위중증		27	1.02		37	0.17	83.0
	사망		17	0.64		17	0.08	87.6

* 접종 예방 효과: 100×(1 - (백신 접종자 중 발생률)/(백신 미접종자 중 발생률))

거듭 강조하건대 백신은 효과를 보였다. 국내 자료를 보자.[11] 예컨대 75세 이상 인구에서 백신을 접종하지 않은 집단과 접종한 집단의 사망자 수는 17명으로 같다. 그러나 대상자의 수가 현격히 다르다. 75세 이상 백신 미접종자는 37만 6647명, 접종자는 303만 9257명이다. 이들 중 각각 17명이 사망하였으므로 미접종자 중 사망자의 비율은 0.64퍼센트, 접종자 중 사망자의 비율은 0.08퍼센트로 여덟 배 차이가 난다. 간단히 말해, 백신은 확실히 증상 악화나 사망 위험을 줄이는 데 이바지했다. 그 효과는 90퍼센트에 달한다. 그러나 위 표에서 볼 수 있듯 감염 차단 효과는 그렇게 높지 않았다. 감염 확산은 절반도 채 줄이지 못한 것이다.

사회적 거리두기를 완화할 경우 확진자가 빠르게 늘 것이라는 점, 이에 따른 위중증 환자 수 또한 증가하리라는 점을 사전에 고려했어야 했다. 이런 사실은 국내 통계 자료가 아닌 해외 동향에서도 충분히 확인할 수 있었다. 그러나 방역 당국은 높은 백신 접종률을 토대로 환자 수가 늘어난다 해도 그렇게까지 많이 늘어나지는 않으리라 생각했다. 이것이 다음으로 살펴볼 국내 대응 역량의 과신과 결합하면서 11월 말의 혼란으로 이어지는 주요 원인이 되었다.

한국의 의료 대응력
한국의 의료 제도는 공공 영역과 사영 영역이 혼합되어 있다. 대부분의 병·의원은 의료인에 의해 운영되는 사영 기관이라고 볼 수 있지만, 성형 등 소수 영역을 제외하면 국가기관인 국민건강보험을 지불자로 두는 보험 진료를 여러 비율로 제공하기 때문에 공공 영역에도 어느 정도 속해 있다.

이런 두 영역의 혼재에서 발생하는 문제는 보통은 잡음 정도로 그쳤지만, 코로나19 입원 환자가 늘어나는 상황에선 심각한 문제가 된다. 일선의 여러 병·의원은 코로나19 환자를 마냥 받을 수는 없다. 다른 환자의 진료와 형평성을 따질 수밖에 없고, 국가 운영 기관이 아니므로 환자가 문제를 제기하면 병·의원이 책임을 져야 하기 때문이다. 코로나19 환자 입원을 위한 음압병상 시설을 갖추고 운영하는 것 자체도 부담스러운 일이다. 더구나 병·의원에 근무하는 의료진의 수는 정해져 있으며, 이들의 업무를 상황에 따라 변경하기는 어렵다. 각자 계약에 따라 일하는 의료진을, 코로나19 환자가 많다고 무조건 코로나19 병동에 돌릴 수 없는 것이다.

의료계는 2021년 내내 코로나19 치료 병상이 부족하다는 의견을 제시해왔다.[12] 하지만 정부 당국은 코로나19 치료 병상을 운영 중인 병원이 당국의 환자 배정을 거부하는 경우, 병상 손실보상분을 인정하지 않는 페널티를 부과하겠다는 정책을 폈다.[13] 위드 코로나 정책 시행 2주가 지난 2021년 11월, 병상 부족이 심화되었다. 정부는 중환자 병상 가동률이 75퍼센트를 넘어서면 비상 계획을 발동한다는 정책 시행의 기준을 발표한 바 있지만, 실제로 2021년 11월 12일 서울 중환자 병상 가동률이 75.4퍼센트에 이르렀을 때에도 비상 계획을 시행하지 않았다.[14] 2021년 12월 22일에는 중환자실 부족이 심각해지자, 확진 후 20일이 지난 환자는 강제 전원시키라는 지침을 내렸다.[15] 코로나19 중환자 병상 가동률은 2021년 12월 3주 차에 81.5퍼센트로 최고치를 기록한 이후 계속 감소했다가, 2022년 3월 확진자가 급증하면서 다시 증가하고 있다.

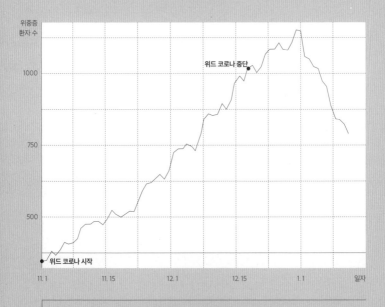

2021년 11월 1일부터 2022년 1월 10일까지 코로나19 위중증 환자 수의 변화.

　이런 사태를 어떻게 이해할 것인가? 병상을 내놓기 싫은 의사와 병원의 이기심이라고 말하기는 쉽다.[16] 이런 담론 안에서는 의사라는 명확한 악이 존재하고, 수익을 보전하려 전전긍긍하는 병원이 '최종 보스'로 위치한다. 이들을 해치우기만 하면 중환자실 문제는 자연스럽게 해결될 것이다. 하지만 사태는 그렇게 단순하지 않다. 인력과 병동은 필요하다고 해서 바로 준비되는 것이 아니다. 사태의 핵심은 이 영역에 대한 우리의 의료 대응력이 부족하다는 사실 자체에 있다.

한국의 의료 제도는 이런 공중보건 위기 사태에 대응하기 위해 꾸려지지 않았다. 지금까지 의료는 개인의 필요를 해결하는 방식으로 운영되었다. 다행히 특정 질환으로 대규모 환자가 발생하는 일은 아주 드물었기에 개인 차원의 방식으로도 높은 의료 접근성을 전 세계에 자랑할 수 있을 만한 충분한 결과를 냈던 것이다. 그러나 코로나19 팬데믹 같은 사태에 대응하려면 지금까지와는 다른 접근 방식을 취해야 한다. 공공-사영 영역이 혼합된 한국 의료의 특징을 무시한 채 사영 영역을 국가가 마음대로 활용할 수 있다고 여기는 접근은 큰 반발을 불러올뿐더러, 개인의 자유를 심각하게 침해하기 때문이다.

치료 일선과의 온도 차

코로나19 환자 진료에 매진하고 있는 호흡기내과나 중환자의학과 등의 의료진과, 그 외 분야의 의료진, 정부 당국, 확진자나 그 가족, 일반 사람들이 인식하고 바라보는 코로나19의 심각도나 양태는 당연히 그 정도나 차원이 다를 수밖에 없다. 그럼에도 우리는 이런 차이를 무시하고 각자의 관점에서 문제를 파악하게 된다. 모든 사람이 중환자의학과 의사의 관점을 가져야 한다는 말이 아니다. 그렇지만 우리는 서로의 관점을 따져보고 생각할 수 있는 능력을 지니고 있다. 팬데믹처럼 그 경험이나 문제 인식이 매우 다르게 나타나는 사태에 대해 우리는 다른 사람의 경험과 관점에 주목해야 한다.

2년 내내 일선 의료진은 신체적, 정신적 고통을 호소해왔다. 여기에 대한 해결책은 '덕분에'라며 이들을 영웅시하고 칭찬하는 것이 아니라, 그 고통을 해소할 수 있는 보완책을 제시하는 것이다. 잘한다고 박수쳐주는 것으로 충분하거나 해결될 수 있는 문제가 아님은 자명하다. 의료계와 사회 사이 소통이 시급하지만, 서로의 언어가 너무나 다르다.

무엇을 준비했어야 하는가

우리는 다시 일상으로 돌아가야 한다. 단, 바이러스 확산을 전제한 상태여야 할 것이다. 코로나19 박멸이 불가능하다면, 이후 다른 바이러스나 세균이 또 비슷한 양상으로 전 세계를 뒤덮는 일이 벌어질 개연성이 높다면, 2021년 11월은 우리에게 커다란 문제 사례로 기억되어야 한다. 정부가 다른 준비 없이 그저 거리두기만을 해제했을 때 어떤 결과가 나오는지 보여주는 사례였기 때문이다. 팬데믹을 상수로 놓았을 때 우리에겐 감염 사태에 대한 체계적인 준비가 필요하다. 2020년, 코로나19 앞에서 강한 거리두기 정책을 시행하면서 벌어놨던 시간이 이후 효과적인 대응책의 전개로 이어지지 않았던 것은 우리에게 '다른 준비'가 부족했기 때문이다. 신종플루 때처럼 백신과 치료제를 기다렸던 것이라고 말할 수도 있다. 하지만 그 개발이 생각보다 더딜 경우를 대비해, 중증 환자를 관리할 다른 대응책을 함께 마련해야 한다.

앞서 살펴보았듯 무엇보다 중요한 것은 환자가 늘어났을 때 이를 수용할 의료시설이다. 문제는 비(非)팬데믹 상황에서는 다수의 감염 환자를 의료적으로 관리할 일이 없기 때문에 이런 시설이 필요하지 않으며, 상당한 '돈 낭비'를 초래하리라는 점이다. 그렇다고 팬데믹이 발생했을 때 시설과 인력을 확충하기도 쉽지 않다. 이런 분야에 민간이 투자하기는 불가능에 가깝다는 것 또한 고려해야 한다. 병원 경영 차원에서 수익을 낼 수 없는 분과를 유지하는 것은 큰 부담이다. 수가가 낮게 책정되어 있어 진료를 해도 적자가 나는 외상외과 같은 분과나, 중증장애어린이 재활을 전문으로 하는 푸르메재단 어린이재활병원 등이 겪고 있는 어려움[17]을 떠올려 볼 수 있다. 더욱이 대규모 감염병 환자 치료처럼 평상시에는 환자가 없는 경우라면 인력과 시설을 유지할 수가 없다. 의료 서비스가 한쪽으로 쏠려 있는 것이 한국만의 문제는 아니지만, 감염병 대응이 일종의 '예외 상태'임을 생각한다면, 감염병 대응을 민영 의료에 맡겨둘 때의 분명한 한계를 중요하게 따져야 한다.

따라서 감염병에 대해서만큼은 기존 의료 체계와는 다른 대응이 필요하다. 한국의 의료 체계는 정부 통제하에 민간이 주도해왔고, 공적 영역과 사적 영역이 묘하게 혼합된 양상을 띠고 있다. 이런 형태는 한국의 높은 의료 접근성을 낳았으며, (비록 여러 문제가 있지만) 비교적 낮은 비용으로 많은 치료를 제공할 수 있는 의료 환경을 제공해왔다. 그러나 민간 병·의원은 감염 병동을 유지할 수 없기에 이런 의료 체계가 감염병 환자 관리에는 적용될 수 없다. 우리에게 남은 선택지는 공적 영역에서 감염병 대응 인력과 시설을 유지하는 것뿐이다. 이미 2020, 2021년 코로나19의 여러 국면에서 공공의료 확대 필요성이 거듭 제기되었지만,[18] 아무런 진전이 없었다. 2015년 메르스 이후에도 국립감염병전담병원 설립 계획이 발표되었으나 흐지부지되었다. 정책은 있으되, 실천되지 않는 현실이 반복되고 있다.

다시 일상으로 돌아가려면, 코로나19 확진자 수가 늘어나도 위중증 환자를 관리할 수 있는 중환자실이 충분히 확보되어야 한다. 일반 병원에서 차출하는 방식은 한계가 있다. 간단히 말해, 그것은 다른 질병으로 중환자실에 입원해야 하는 환자의 침대를 빼앗아 코로나19 환자에게 주는 것이기 때문이다. 코로나19의 경우, 대규모 유행이 시작된 지 2년이 넘은 2022년 3월이 되어서야 환자를 일반 병실에서 관리하는 것이 가능하다는 의견이 나오고 있다.[19] 중증화율과 사망률이 감당할 수 있을 만큼 낮아졌고, 의료 기관에서 충분히 준비가 된 상태에서만 가능한 일이다. 요컨대 정부의 공공의료에 대한 접근 방향이 달라져야 한다. 이것은 사회의 필수 의료에 관한 관점과 가치가 변화할 때에만 가능하다. 다시 말해 코로나19 팬데믹 같은 상황에서의 중환자 관리 또한 의료의 필수적인 부분임을 인정해야 한다. 엄청난 규모를 자랑할 필요는 없으나, 비팬데믹 상황에서 필요치 않아 보이는 감염병동을 필수 시설로 유지하는 것, 유사시에 그 수와 대응력을 확장하는 방안을 기획해놓는 것이 우리에게 주어진 시급한 과제다.

일상으로의 복귀는 우리 사회가 결국 나아가야 할 방향이다. 갑자기 코로나19 환자 수가 줄어드는 요행을 기다릴 것이 아니라면, 감염병 환자가 급증하는 상황을 어떻게 관리할 것인가에 대해 대책을 마련해야 한다. 또한 공적 대응 외에 다른 방법이 없다면, 감염병 관리시설을 어떻게 계획하고 유지할 것인지 논의해야 한다. 무엇보다 중요한 점은 이런 정책적 방향성에 시민의 호응이 없다면 그 실현이 불가능하다는 것이다. 변화의 출발점은 개인이다. 개인이 '나'와 '네'가 함께 건강하기를 선택할 때, 팬데믹 대응은 비로소 다른 모습을 띠게 될 것이다. 모두가 함께 건강하기 위한 정책적 선택이 지금, 바로 필요하다.

우리 모두의
건강을 위해

출구는 언제쯤 보일까? 2022년 3월 중순 이미 일일 신규 확진자가 40만 명을 넘어섰고, 하루 확진자 수가 62만 명을 넘기도 했다. 앞서 정부는 수리적 예측을 근거로 1, 2주 정도 일평균 30만 명 초중반대의 신규 확진자가 이어지다가 점차 감소할 것이라 전망했으나, 예측을 벗어난 결과가 이어지고 있다. 오미크론 변이가 이전 변이보다 약하다 해도 여전히 계절성 독감보다 높은 중증화율과 사망률을 나타내고 있기에, 4월 초중반에는 노약자, 기저질환자 등 취약 집단에서 어려움이 발생할 가능성도 있다.

하지만 코로나19 팬데믹에는 끝이 있을 것이다. 물론 마스크는 당분간 계속 착용해야 할 테고, 몇 회의 백신 접종을 더 거쳐야 할지도 모른다. 그러나 코로나19 바이러스를 상대하기 위한 우리의 방역 전략을 더는 지속하지 않게 될 것은 확실하다. 새로운 팬데믹이 다시 다가오기 전까지는 말이다.

코로나19 팬데믹이 종식된다고 하더라도 그 시기를 지나면서 변화한 우리의 삶은 이전으로 돌아가지 못할 것이다. 코로나19는 우리가 삶과 타인을 대하는 방식을 크게 바꿔놓았다. 일상의 상호작용은 재택 등 비대면 근무 환경이 자리 잡은 것처럼 디지털을 경유하는 형태로 급격히 변화했다. 의료 영역에서도 비대면 진료 등 원격 의료의 여러 요소가 실무에 빠르게 적용될 것으로 보인다. 모두 지극히 작은, 한동안 사소한 것으로 치부되었던 바이러스에 의해 비롯된 변화다. 이런 흐름 앞에서 우리에게 필요한 것은 '어떻게 건강해질 것인가?'라는 질문을 바탕으로 우리가 영위해왔던 삶의 양식 전반을 점검해보는 작업이다.

팬데믹은 건강이 생물학적 차원과 사회적 차원 모두에 걸쳐 있음을 잘 보여주었다. 건강이 생물학적 차원에 국한된다면, 코로나19 대응은 바이러스 분석, 개인의 감염 방지 노력, 백신과 치료제 개발, 의료진과 병실의 활용 등으로 충분할 것이다. 하지만 팬데믹 대응은 백신 논쟁이나 병실 부족 사태가 보여준 것처럼 생물학적 차원을 넘어 사회적 차원까지 이어진다. 그렇다고 방역 정책이나 취약 계층의 대응 문제, 인구 수준의 이득을 위한 통제, 격리와 방역 패스 시행 등 사회적 차원의 방안으로만 모든 문제가 해결되는 것도 아니다. 팬데믹 대응의 사회적 접근은 방역 조치를 부문에 따라 어떻게 다르게 적용할지, 개인에게 어떤 피해를 감수하도록 요구할 것인지, 왜 이 집단보다 저 집단이 우선해야 하는지에 대한 논쟁을 불러일으켰다.

이런 문제에 다가가려면 윤리가 필요하다. 우리는 윤리적 접근 방식을 통해 개인의 자유와 사회의 이득 사이에서 다른 선택지를 만들어내고, 팬데믹이 초래하는 개인적, 사회적 문제나 팬데믹 대응을 둘러싼 논쟁의 해결책을 강구할 수 있다. 그러나 전통적인 윤리 탐구가 이런 과제에 답을 내놓지 않았기에, 고전을 읽는다고 해서 대책이 찾아지는 것은 아니다. 무엇보다 질병 문제에 대한 윤리적 방안을 탐구하기 위해서는 무엇을 목표로 삼을지 정해야 한다. 많은 윤리 이론은 선을 행복으로 정의하고, 행복을 다양한 방식으로 해석한다. 행복은 쾌락이나 즐거움의 총량이라거나, 선을 향한 의지 그 자체라거나 하는 식이다. 나는 질병의 세계에 관해서라면 건강 자체가 행복으로 정의될 수 있다고 생각한다. 그렇다면 의료에서 윤리적 질문이란, '나와 네가 모두 건강하기 위해서 어떻게 하는 것이 옳은가?'라고 할 수 있다. 생물학적 차원에서 건강이란 내 신체와 정신의 제자리 찾기이며, 사회적 차원의 건강이란 타인, 즉 보통 사람들의 생활을 지키는 것이다. 그리고 나는 두 가지 차원을 함께 고려하는 것을 건강의 윤리적 차원이라고 부르고자 한다. 건강은 나와 너 모두의 것이기에 같이 움직일 것을 요구한다.

팬데믹은 우리에게 건강의 생물학적, 사회적, 윤리적 차원을 어떻게 숙고하고 해결해나갈 것인가를 묻는다. 우리는 팬데믹이 제기하는 여러 어려움 속에서 여기까지 왔다. 여러 부침이 있었지만, 시민의 자발적인 참여가 있었기에 의과학이 완벽한 해결책을 제시하지 못할 때도, 정책적 한계나 실패가 발생했을 때도 '우리'를 지킬 수 있었다. 이는 정책의 승리도 의학의 성공도 아니다. 집단행동이 어떤 결과를 가져올 수 있는지 보여주는 적실한 사례다.

이제는 '나의 건강'을 넘어 '우리의 건강'을 말해야 할 때다. 단, 그것은 이전의 하향식 접근을 의미하지 않는다. 기존의 '공중 보건'은 '국민의 보건'을 지키기 위해 전문가 또는 정부가 기획한 정책으로 하달되었다. 이런 방식이 단기간에 빠른 성과를 거두었을지언정 개인의 자발성을 끌어내는 데는 실패했다. 코로나19 백신 접종 과정이나 방역 패스, 2022년 3월의 급작스러운 방역 해제까지 정부의 모든 방역 정책은 과거의 하향적 접근을 답습했다. 백신 접종을 거부하는 목소리에는 물론 정치적 고려나 비합리적 불신의 풍토도 영향을 미쳤겠지만, 그동안의 공중 보건 정책 시행에 대해 누적되어온 반발도 담겨 있다는 해석이 필요하다. 그것은 방역 패스 등 정부의 방역 정책에 대한 다른 불만에도 똑같이 적용할 수 있다. 이런 문제의식을 좀 더 확장해보면, 이제 정부 주도의 하향식 보건의료 정책은 이전과 같은 힘을 유지하기 어렵다. 한편, 서구에서 줄기차게 주장해온 자유주의적 건강 개념, 곧 내 몸에 누구도 개입할 수 없다는 식의 주장은 건강 과 질병의 문제를 개인화하여, 의료인의 도움을 참견으로 부 정하고 환자에게 모든 책임을 돌리는 문제를 안고 있다. 팬데믹은 나의 자유만 앞세우다 정작 내 건강도 망가뜨릴 수 있다는 것을 보여주었다. 그런 건강 개념은 새로운 감염병의 위협이나 기후재앙 등 다가올 여러 문제에 답을 제시할 수 없다는 한계도 내포하고 있다. 지금 필요한 것은 국가 주도의 후견주의나 자유지상주의가 아니라, 우리가 함께 건강해 지는 선택을 매번 내릴 수 있는 '나'와 '너'다.

건강은 20세기 내내 이어져온 믿음처럼 외부로부터 주어지는 삶의 양식이 우리에게 던져주는 배당이 아니다. 물론 100세 시대를 강조하는 서적 등에서 설파하는 '건강하게 사는 법'이 틀린 것은 아닐 것이다. 적어도 인간의 생명을 연장하는 데는 성공하고 있지 않은가! 하지만 수명 연장이 곧 '건강'일까? 2020년 OECD 보건 통계에 따르면, 우리나라 국민 중 자신이 건강하다고 인식하는 비율은 32퍼센트다.[1] OECD 평균인 67.9퍼센트의 절반도 되지 않는 수치다. 반면 우리나라 국민의 기대 수명은 OECD 평균보다 2년 더 긴 82.7세다. 이 결과는 한국의 보건의료가 이제까지 사람들에게 제공한 것이 건강이 아니라는 점을 시사한다.

수명 연장의 프로젝트를 뒷받침한 것은 두 가지 서사다. 하나는 개인과 국가의 경제력 상승을 위해 보건의료 지원을 약속한 근대국가의 서사다. 사람들은 아프면 병원에 가고 (노동 현장으로 복귀할 수 있도록) 회복해서 돌아온다. 다른 하나는 긍정적인 '정신'과 '영혼'으로 열심히 운동하고 치료받는 자에게 약속된 몫이 건강이라는 신자유주의적 서사다.[2] '피트니스'와 '웰빙'에 시간과 돈을 바치라는 명령 말이다. 그러나 두 서사는 목숨의 길이를 늘이는 데 성공했을지언정, 사람들을 진정으로 건강하게 만들지는 못한다. 건강은 한 개인이 다른 사람들과 무관하게 자기 노력의 결과로 누리게 되는 것이라는 순진한 생각도 틀렸다. 내 건강은 나의 피부를 경계로 그 안에서만 성립되고 이루어지는 것이 아니기 때문이다. 건강이라는 말은 나를 포함해 나와 연결된 주변 사람, 동물, 자연, 사물 등 모두가 지닌 힘을 일컫는 것으로 다시 해석해야 한다. 포스트 코로나 시대, 우리 모두의 건강을 되찾기 위한 여행을 시작해야 할 때다.

주

1

K-방역에 질문하기

[1] 「'K-방역모델' 세계표준 로드맵 확정⋯3T로 체계화한 18종」,《뉴스더보이스포헬스케어》(2020. 6. 11), https://www.newsthevoice.com/news/articleView.html?idxno=12472

[2] Chang R., Hong J., Varley K., "The Best and Worst Places to Be in the Coronavirus Era bloomberg," *Bloomberg*(2020. 11. 24).

[3] "Coronavirus Government Response Tracker," Retrieved from: https://www.bsg.ox.ac.uk/research/research-projects/coronavirus-government-response-tracker(Accessed at 2020.11.26).

[4] 감염병의 예방 및 관리에 관한 법률 시행령 제32조의2.

[5] 「복지부, "방역 역량 제고로 코로나19 재유행 대비 하겠다"」,《의학신문》(2020. 7. 15), http://www.bosa.co.kr/news/articleView.html?idxno=2130563

[6] 「"공염불뿐인 공공의료 확충; 더는 못 미뤄"⋯보건의료노조 9월 총파업 예고」,《한겨레》(2021. 5. 7), https://www.hani.co.kr/arti/society/society_general/994267.html

마스크 쓰기라는 건강행동

[1] Bundgaard H., Bundgarrd J. S., Raaschou-Pedersen D. E. T., von Buchwald C., Todsen T., Norsk J. B., et al., "Effectiveness of Adding a Mask Recommendation to Other Public Health Measures to Prevent SARS-CoV-2 Infection in Danish Mask Wearers," *Ann Intern Med.* (2021), 174(3), pp. 335-343, doi: 10.7326/M20-6817

[2] Abaluck J., Kwong L. H., Styczynski A., Haque A., Kabir M. A., Bates-Jefferys E., et al., "The impact of commuynity masking on Covid-19: A cluster-randomized trial in Bangladesh," *Innovations for Poverty Action Working Paper*(2021. 9. 1), https://www.poverty-action. org/publication/impact-community-masking-covid-19-cluster-randomized-trial-bangladesh

[3] Bundgaard H., op. cit., p. 335.

[4] Goodman B., "How Much Does Wearing a Mask Protect You?," *WebMD*(2020. 11. 19), https://www.webmd.com/lung/news/20201119/how-much-does-wearing-a-mask-protect-you

[5] WHO, "Constitution of the World Health Organization."(The Constitution was adopted by the International Health Conference held in New York from 19 June to 22 July 1946, signed on 22 July 1946 by the representatives of 61 States.)

[6] Huber M., Knottnerus J. A., Green L., van der Horst H., Jadad A. R., Kromhout D., et al., "How Should We Define Health?," *BMJ*(2011. 7. 26), doi: https://doi.org/10.1136/bmj.d4163

[7] 「구미 송정교회 신도 등 26명 확진⋯전수검사 중(종합)」, 《연합뉴스》 (2020. 12. 23), https://www.yna.co.kr/view/AKR20201223090552053

[8] 「"마스크, 코로나 감염 위험 70~85퍼센트 줄일 수 있지만 과신 안 돼"」, 《조선일보》(2020. 9. 24), https://www.chosun.com/national/welfare-medical/2020/09/24/BPVYI3TPIJBNXFK5O4LTC2DVAY/

3
환자에도 순서가 있는가

[1] Levine C., "The Seattle 'God Committee': A Cautionary Tale," *Health Affairs Forefront*(2009. 11. 30), doi: 10.1377/hblog20091130.002998

[2] 「'코로나 의료 공백 사망' 18살 고교생 정유엽의 억울한 죽음」,《한겨레 21》(2020. 5. 29), https://www.hani.co.kr/arti/society/society_general/947133.html

[3] 「코로나 병상 부족으로 말기암 환자 내쫓는 의정부의료원」,《NGN뉴스》(2020. 12. 16), http://ngnnews.net/news/view.php?no=7621

[4] Rosenbaum L., "Facing Covid-19 in Italy—Ethics, Logistics, and Therapeutics on the Epidemic's Front Line," *The New England Journal of Medicine*(2020), 382, pp. 1873-1875.

4
가족의 책임은 어디까지일까

[1] 「코로나 확진자 '재택치료'가 기본이라는데 관리기관은 196개뿐」,《청년의사》(2021. 12. 1), https://www.docdocdoc.co.kr/news/articleView.html?idxno=2017062

[2] 「재택치료 4명 중 1명 "함께 사는 가족까지 감염"」,《한겨레》(2022. 1. 11.), https://www.hani.co.kr/arti/society/rights/1026789.html

[3] 「말이 재택 치료지, 재택 방치 아닌가」,《중앙일보》(2021. 12. 16), https://www.joongang.co.kr/article/25032916home

[4] 「"코로나 환자는 호텔로"…확진자 폭증 日은 이렇게 극복했다」,《머니투데이》(2021. 12. 8), https://news.mt.co.kr/mtview.php?no=2021120812194584039

[5] 「재택치료중 사망자 급증…당국 부랴부랴 "동네의원 투입"」,《매일경제》(2021. 12. 8), https://www.mk.co.kr/news/society/view/2021/12/1124260/

[6] 박지용, 「보건의료에 대한 헌법적 기초로서 개념적 및 역사적 접근」,《헌법학연구》(2013), 19(4), 509~546쪽.

[7] Meuntener P., Carey S., "Infants' Causal Representations of State Change Events," *Cogn Psychol.*(2010), 61(2), pp. 63-86.

5
백신과 인권

[1] Ferguson K., Caplan A., "Love Thy Neighbour? Allocating Vaccines in a World of Competing Obligations," *Journal of Medical Ethics*(2020. 12), 47(12), doi: 10.1136/medethics-2020-106887

[2] "Low-income Countries Have Received Just 0.2 per cent of All COVID-19 Shots Given," *UN News*(2021. 4. 9), https://news.un.org/en/story/2021/04/1089392

[3] UNICEF, "Joint COVAX statement on supply forecast for 2021 and early 2022"(2021. 9. 8), https://www.unicef.org/press-releases/joint-covax-statement-supply-forecast-2021-and-early-2022

[4] 「정부, 5~6월 코로나 백신 1420만 회분 순차 공급」,《의학신문》(2021. 5. 3), http://www.bosa.co.kr/news/articleView.html?idxno=2149859

[5] Centers for Disease Control and Prevention, "COVID-19 Vaccinations in the United States. COVID Data Tracker"(2021. 5. 26), https://covid.cdc.gov/covid-data-tracker/vaccinations

[6] Mikulic M., "Size of COVID-19 Vaccine Contracts Between Countries And Manufacturers as of March 2021," *Statistica*(2021. 4. 14), https://www.statista.com/statistics/1195885/covid-19-vaccines-by-contract-

size/

[7] 「정은경 "1억명 백신 접종 물량 확보, 부스터샷 고려한 것"」,《뉴스1》(2021. 4. 26), https://www.news1.kr/articles/?4287027

[8] "Covid vaccines: How fast is progress around the world?," *BBC*(2022. 4. 5).

[9] OECD, "Official Development Assistance (ODA)," https://www.oecd.org/dac/financing-sustainable-development/development-finance-standards/official-development-assistance.htm

[10] 정성희, 문혜정, 「우리나라의 건강보험제도 특징과 시사점」,《KIRI 리포트 이슈 분석》(2021. 5. 10).

[11] 보건복지부, 「OECD 보건통계로 보는 우리나라의 보건의료」(2021. 7. 19).

[12] 「K-방역모델 국제표준화 첫 번째 성공사례 탄생」, 대한민국 정책브리핑(2020.12.4), https://www.korea.kr/special/policyFocusView.do?news-Id=148880512&pkgId=49500742

[13] 「캐나다 자영업자의 편지 "이런 지원방안, 한국이었다면…"」,《주간경향》(2021. 9. 20).

[14] 「바이든 "백신 5억 회분 기부…백신 무기고 될 것"」,《MBN》(2021. 9. 23), https://mbn.co.kr/news/world/4601354

[15] 「프랑스, 빈곤국에 코로나19 백신 1억2000만 회분 지원」,《SBS》(2021. 9. 26).

[16] "WHO urges rich countires to hold off on booster shots untill 2022," *Aljazeera*(2021. 9. 8), https://www.aljazeera.com/news/2021/9/8/who-chief-urges-halt-to-booster-shots-for-rest-of-the-year

[17] 「미국서 부스터샷 접종 개시…대형 약국·주 정부서 맞히기 시작」,《문화일보》(2021. 9. 25), http://www.munhwa.com/news/view.html?no=20210925MW093415632621

[18] 「'부스터샷' 오늘부터 시작…코로나19 치료병원 종사자가 첫 대상」,《연합뉴스》(2021. 10. 12), https://www.yna.co.kr/view/AKR20211011069200530

[19] 「법원, 교육시설 '방역패스' 적용에 제동」,《법률신문》(2022. 1. 40),

https://www.lawtimes.co.kr/Legal-News/Legal-News-View?serial=175544

[20] 「방역당국 "학원 방역패스 효력정지 동의 어려워…항고여부 곧 결정"」,《한겨레》(2022. 1. 4), https://www.hani.co.kr/arti/society/health/1025999.html

6
노인을 위한다는 것

[1] Glynn J., Moss P. A. H., "Systematic analysis of infectious disease outcomes by age shows lowest severity in school-age children," *Scientific Data*(2020), 7(1), 329, doi: 10.1038/s41597-020-00668-y

[2] 최동용, 오혜인, 김준혁, 「코로나 19, 노인만 격리하는 정책은 타당한가?」,《생명, 윤리와 정책》(2020), 4(2), 91~117쪽.

[3] Nuffield Council on Bioethics, *Public health:ethical issues*(London: Nuffield Council on Bioethics, 2007).

[4] 「코로나19 사태 8개월…적신호 켜진 '신뢰사회', 쌓인 '피로'」,《동아사이언스》(2020. 9. 9), https://www.dongascience.com/news.php?idx=39630

[5] Lazarus J. V., Ratzan S., Palayew A., Billari F. C. , Binagwaho A., Kimball S., et al., "COVID-SCORE: A global survey to assess public perceptions of government responses to COVID-19 (COVID-SCORE-10)," *PLoS ONE*(2020), 15(10), e0240011.

7

의료는 있으나 돌봄은 없다

[1] 최명신, 「코로나19(COVID-19) 대응, 국내 뇌병변장애인의 주요쟁점: 장애인의사소통권리 확보방안」, 코로나19 장애유형별 재난상황 긴급점검 온라인 간담회(2020).

[2] 「지난해 장애인 코로나19 치명률 7.5%…전체 확진자보다 5배↑」, 《뉴시스》(2021. 1. 13), https://newsis.com/view/?id=NISX20210113_0001303347

[3] 한국보건사회연구원, 「2020년 장애인 실태조사」(2021. 4).

[4] 「코로나 이후 돌봄공백 속 발달장애인 부모 20% 생업 포기」,《연합뉴스》 (2020. 12. 22), https://www.yna.co.kr/view/AKR20201222056100004?-section=search

[5] 「돌봄 공백 속, 발달장애인과 가족의 비극을 멈춰라」,《웰페어뉴스》 (2020. 10. 8), http://www.welfarenews.net/news/articleView.html?idx-no=75311

[6] 정재환, 「노인들의 코로나19 감염 현황과 생활 변화에 따른 시사점」, 국회입법조사처(2020. 10. 7).

[7] 보건복지부, 「요양병원·요양시설 면회기준 개선, 비접촉 방문면회 적극 실시·제한적 접촉면회 실시」(2021. 3. 5).

[8] 「요양병원·요양시설 '접촉면회', 20여일만에 다시 중단」,《청년의사》 (2021. 11. 22), https://www.docdocdoc.co.kr/news/articleView.htm-l?idxno=2016781

[9] 「"임종 앞두고 가족면회 막기도"… 감정노동에 지친 요양사」,《매일경제》 (2022. 1. 7), https://www.mk.co.kr/news/society/view/2022/01/18889/

[10] 보건복지부, 「코로나19 시대, 지속가능한 돌봄 체계 구축 추진」(2020. 11. 27).

[11] 「코로나가 알려준 노인 돌봄 '공공화'의 필요성」,《프레시안》(2021. 6. 17), https://www.pressian.com/pages/articles/20210616

[12] 「하나의 식민잔재, 장애인에 대한 차별과 편견」, 《시사저널》(2019. 4. 19), https://www.sisajournal.com/news/articleView.html?idxno=184295

[13] 백재중, 『여기 우리가 있다』(건강미디어협동조합, 2020).

[14] 김재형, 「한센병 치료제의 발전과 한센인 강제격리정책의 변화」, 《의료사회사연구》(2019), 3, 5~40쪽.

[15] 오욱찬, 김성희, 박광옥, 오다은, 「탈시설 장애인의 지역사회 정착 경로에 관한 연구」, 한국보건사회연구원(2018).

[16] 이만우, 김은표, 「장애인거주시설 소규모화 정책의 개선방안」, 국회입법조사처(2017).

[17] 권순정, 「한국 노인요양시설의 공급계획에 관한 연구」, 《한국의료복지시설학회지》(1999), 5(9), 47~59쪽.

[18] 「요양시설 이용증가 추세…건보재정 악화 '우려'」, 《의학신문》(2019. 8. 16), http://www.bosa.co.kr/news/articleView.html?idxno=2110745

[19] 임성택, 「장애인 생활시설에서의 인권 침해, 그 현황과 대책」, 《저스티스》(2012), 128, 7~59쪽.

[20] 「숨 멈춰야 해방되는 곳…기자가 뛰어든 요양원은 '감옥'이었다」, 《한겨레》(2019. 5. 14), https://www.hani.co.kr/arti/society/rights/893616.html

[21] 「'시설에서 지역사회로'…탈시설지원법 입법 발의」, 《웰페어이슈》(2020. 12. 14), http://www.welfareissue.com/news/articleView.html?idxno=7185

[22] 「"청도대남병원 사태 되풀이되지 않으려면…"」, 《청년의사》(2020. 2. 28), https://www.docdocdoc.co.kr/news/articleView.html?idxno=1077885

[23] 「코로나19' 확진자 폭증…요양병원도 비상」, 《의학신문》(2020. 12. 15), http://www.bosa.co.kr/news/articleView.html?idxno=2140047

[24] 「'코로나 격리' 요양병원·요양원 집단감염은 예고된 비극인가」, 《한겨레》(2021. 1. 3), https://www.hani.co.kr/arti/society/society_general/976995.html

[25] Butler J., *Precarious Life: The Powers of Mouring and Violence*(London: Verso, 2004).

[26] Ibid., XI–XII.

[27] 바버라 에런라이크, 조영 옮김, 『건강의 배신』(부키, 2019).

[28] 더 케어 컬렉티브, 정소영 옮김, 『돌봄 선언』(니케북스, 2021).

8
감염병의 공포

[1] 마사 누스바움, 조계원 옮김, 『혐오와 수치심』(민음사, 2015).

[2] 「"우리도 당했다" 아시아인 혐오 범죄에 목소리 낸 BTS」, 《서울신문》 (2021. 3. 30), https://www.seoul.co.kr/news/newsView.php?id=2021 0330500070

[3] 「[김곡의 똑똑똑] 혐오의 시대」, 《한겨레》(2019. 6. 16), https://www. hani.co.kr/arti/opinion/column/898097.html

[4] 호메로스, 천병희 옮김, 『오뒷세이아』(숲, 2015) 제22권, 465~467행.

[5] 홍준기, 「폭력에 대한 정신분석적 성찰」, 《지식의 지평》(2015), 18, 83~103쪽.

9
누가 학교 폐쇄를 결정하는가

[1] 서울교육정책연구소, 「코로나19 전후, 중학교 학업성취 등급 분포를 통해 살펴본 학교 내 학력격차 실태 분석」(2021. 4. 19).

[2] Kim E. Y., Ryu B., Kim E. K., Park Y. J., Choe Y. J., Park H. K., et al., "Children with COVID-19 after Reopening of Schools, South Korea," *Pediatr Infect Vaccine*(2020), 27(3), pp. 180-183; Isphording I. E., Lipfert

M., Pestel N., "Does re-opening schools contribute to the spread of SARS-CoV-2? Evidence from staggered summer breaks in Germany," *Journal of Public Economics* (2021), 198, 104426; Macartney K., Quinn H.E., Pillsbury A.J., Koirala A., Deng L., Winkler N., et al., "Transmission of SARS-CoV-2 in Australian educational settings: a prospective cohort study," *Lancet Child Adolesc Health* (2020), 4(11), pp. 807–816.

[3] 「닫힌 교문 열어야 하는 다섯 가지 이유」, 《시사IN》(2021. 2. 17), https://www.sisain.co.kr/news/articleView.html?idxno=43904

[4] 「거리두기 4단계에도 학교간다…3단계부터 전학년 '전면등교'」, 《중앙일보》(2021. 8. 9), https://www.joongang.co.kr/article/24123964

[5] 「"2주간 전면 원격수업 가능" 오미크론에 정상등교서 후퇴」, 《중앙일보》(2022. 2. 21), https://www.joongang.co.kr/article/25049889home

[6] 「"마스크 수업, 고통 호소"…제주 교사 사망에 학교 현장 '침통'」, 《동아일보》(2020. 6. 17), https://www.donga.com/news/Society/article/all/20200617/101551753/1

[7] 「'수불사업' 시행 38년만에 모두 중단」, 《건치신문》(2019. 4. 4), http://www.gunchinews.com/news/articleView.html?idxno=53208

[8] 「대학가 2학기 대면 수업 가능할까…커지는 비대면 유지 목소리」, 《경향신문》(2021. 7. 9), https://m.khan.co.kr/national/national-general/article/202107091554001

[9] 「집단감염 인천 초등학교 '델타 변이' 무더기 발생」, 《경향신문》(2021. 7. 13), https://www.khan.co.kr/national/incident/article/202107131700001

[10] "Israel extends Covid restrictions to three-year-olds as cases surge," *BBC* (2021. 8. 18), https://www.bbc.com/news/world-middle-east-58245285

10
코로나 시대의 죽음

[1]   U.S. Department of Health and Human Service, "HHS Pandemic Influenza Plan"(2005. 11).

[2]   The National Academies of Sciences·Engineering·Medicine, *Framework for Equitable Allocation of COVID-19 Vaccine*(Washington, DC: The National Academies Press, 2020).

[3]   대법원 2008. 11. 20. 선고 2007다27670.

[4]   장 피에르 보, 김현경 옮김, 『도둑맞은 손』(이음, 2019).

[5]   알베르 카뮈, 최윤주 옮김, 『페스트』(열린책들, 2014).

[6]   중앙방역대책본부·중앙사고수습본부, 「코로나바이러스감염증-19 사망자 장례관리 지침 제2판」(2021. 2. 23).

[7]   노르베르트 엘리아스, 김수정 옮김, 『죽어가는 자의 고독』(문학동네, 2012).

11
코로나19 감염에 자원하는 사람들

[1]   방은화, 김옥주, 정준호, 「코로나19 판데믹과 인간 챌린지 연구의 윤리」, 《생명윤리》(2020), 21(2), 55~74쪽.

[2]   Bambery B., Selgelid M., Weijer C., Savulescu J., Pollard A. J., "Ethical Criteria for Human Challenge Studies in Infectious Diseases," *Public Health Ethics*(2016), 9(1), pp. 92-103.

[3]   Hope J., McMillan J., "Challenge studies of human volunteers: ethical issues," *Journal of Medical Ethics*(2004), 30, pp. 110-116.

[4]   조슈아 알렉산더, 천현득 옮김, 『실험철학』(필로소픽, 2015).

[5] Sinnot-Armstrong W., "Framing Moral Intutions," Sinnot-Armstrong W. ed., *Moral Psychology Vol. 2. The Cognitive Science of Morality: Intuition and Diversity* (Cambridge: MIT Press, 2008).

[6] Jamrozik E., Selgelid M. J., *Human Challenges Studies in Endemic Settings* (AG: SpringerOpen, 2021).

[7] Dawson L., Earl J., Livezey J., "Severe Acute Respiratory Syndrome Coronavirus 2 Human Challenge Trials: Too Risky, Too Soon," *The Journal of Infectious Diseases* (2020), 222(3), pp. 514-515.

[8] Eyal N., Lipsitch M., Smith P. G., "Human Challenge Studies to Accelerate Coronavirus Vaccine Licensure," *The Journal of Infectious Diseases* (2020), 221(11), pp. 1752-1756.

[9] Manheim D., "Evolving ethics of COVID-19 challenge trials," *The Lancet Infectious Diseases* (2021), 21(4), e79.

[10] 조백현, 「뉘른베르크 강령: 생명의학, 국가, 그리고 사회적 이념」, 《의철학연구》(2014), 17, 3~36쪽.

[11] Kirkpatrick B. D., Whitehead S. S., Pierce K. K., Tibery C. M., Grier P. L., Hynes N. A., et al., "The live attenuated dengue vaccine TV003 elicits complete protection against dengue in a human challenge model," *Sci Transl Med.* (2016), 8(330), 330ra36.

[12] Shirley D-A, McArthur MA. The utility of human challenge studies in vaccine development: lessons learned from cholera. Vaccine (Auckl). 2011;1:3-13.

[13] "COVID antiviral pills: what scientists still want to know," *Nature* (2021. 11. 10), https://www.nature.com/articles/d41586-021-03074-5

[14] 이경도, 「코비드19 백신 개발을 위한 인간 도전 시험의 윤리: Nir Eyal의 논변을 중심으로」, 《생명윤리정책연구》(2020), 13(3), 27~60쪽.

[15] Manheim D., Więcek W., Schmit V., Morrison J., "1Day Sooner Research Team. Exploring Risks of Human Challenge Trials For COVID-19," *Risk Anal.* (2021), 41(5), pp. 710-720.

[16] 1Day Sooner, https://1daysooner.org.

12

인간 너머의 건강

[1] 「호주, 코로나 확진자 1주일에 50만 명 늘어…100만 돌파」,《코메디닷컴》(2022. 1. 10), https://kormedi.com/1375348/%ED%98%B8%EC%A3%BC-%EC%BD%94%EB%A1%9C%EB%82%98-%ED%99%95%EC%A7%84%EC%9E%90-1%EC%A3%BC-C%EC%9D%BC%EC%97%90-50%EB%A7%8C-%EB%AA%85-%EB%8A%98%EC%96%B4-100%EB%A7%8C-%-EB%8F%8C%ED%8C%8C/

[2] 「일본 코로나19 일일 확진자 10만명 육박」,《아시아경제》(2022. 1. 10), https://view.asiae.co.kr/article/2022020920533350835

[3] 「오미크론 변이, 최악 상황에 등장…"백신 불평등 탓"」,《한겨레》(2021. 11. 28), https://www.hani.co.kr/arti/international/international_general/1021063.html

[4] Beyer R. M., Manica A., Mora C., "Shifts in global bat diversity suggest a possible role of climate change in the emergence of SARS-CoV-1 and SARS-CoV-2," *Science of The Total Environment*(2021), 767, 145413.

[5] "Dissecting the early COVID-19 cases in Wuhan," *Science*(2021), 374(6572), pp. 1202-1204.

[6] Berg G., Rybakova D., Fischer D., Cernava T., Vergès M. C., Charles T., et al., "Microbiome definition re-visited: old concepts and new challenges," *Microbiome*(2020), 8(103).

[7] 「'기특하다' 칭찬 대신 실질적인 변화를 원하는 한국 청소년들」,《BBC 코리아》(2021. 6. 18), https://www.bbc.com/korean/news-57508340

[8] Rodó X., San-José A., Kirchgatter K., López L., "Changing climate and the COVID-19 pandemic: more than just heads or tails," *Nature Medicine*(2021), 27, pp. 576-579.

[9] 「지구온도 1.5도 상승 전망, 10년 앞당겨졌다」,《한겨레》(2021. 8. 9),

https://www.hani.co.kr/arti/society/environment/1006996.html

[10] "How DIY technologies are democratizing science," *Nature*(2020. 11. 17), https://www.nature.com/articles/d41586-020-03193-5

[11] "A Biohacker Regrets Publicly Injecting Himself With CRISPR," *The Atlantic*(2018. 2. 21), https://www.theatlantic.com/science/archive/2018/02/biohacking-stunts-crispr/553511/

[12] 「[기고] 동물복지, 이상만으로 말할 수는 없다」, 《매일경제》(2021. 5. 25), https://www.mk.co.kr/opinion/contributors/view/2021/05/499856/

[13] 「팬데믹 터널 끝엔 기후전쟁 기다린다」, 《매일경제》(2021. 7. 26), https://www.mk.co.kr/opinion/columnists/view/2021/07/717012/

[14] 「선진국 주도의 '녹색전쟁'…개도국은 넘지 못할 '신무역장벽'인가?」, 《한겨레》(2021. 8. 2), https://www.hani.co.kr/arti/economy/economy_general/1006102.html

[15] 로널드 아틀라스, 스탠리 말로이, 장철훈, 김영아 옮김, 『원헬스』(범문에듀케이션, 2020).

[16] "Africa's Apes Are Imperiled, Researchers Warn," *The Washington Post*(2003. 4. 7), https://www.washingtonpost.com/archive/politics/2003/04/07/africas-apes-are-imperiled-researchers-warn/fc37f619-d7fe-407f-8f6e-b0d202eeb04a/

[17] FAO, "Contributing to One World, One Health"(2008).

[18] Lerner H., Berg C., "The concept of health in One Health and some practical implications for research and education: what is One Health?," *Infect Ecol Epidemiol*(2015), 5(1), 25300.

[19] 김준혁, 「능력으로서의 건강 개념과 그 의료정의론적 적용」, 《의철학연구》(2020), 30, 101~133쪽.

13
의료에서 인간중심주의를 넘어서기

[1] 「정부 "신규확진 2천명 지속발생시 병상 부족 가능성↑"」, 《이데일리》 (2021. 8. 12), https://www.edaily.co.kr/news/read?newsId=027552 06629146664&mediaCodeNo=257

[2] 제인 베넷, 문성재 옮김, 『생동하는 물질』(현실문화, 2020).

[3] Ferrando F., *Philosophical Posthumanism* (London: Bloomsbury Publishing, 2019).

14
데이터 보호보다 중요한 것

[1] 대통령직속 4차산업혁명위원회, 「4차위, 대한상의·인기협과 데이터 3법 관련 공동 설문조사 시행」(2020. 5. 18).

[2] WHO, "Contact tracing in the context of COVID-19"(2021. 1).

[3] UK Parliament, "Contact tracing apps for COVID-19"(2020. 7. 3).

[4] Lewandowsky S., Dennis S., Perfors A., Kashima Y., White J. P., Garrett P., et al., "Public acceptance of privacy-encroaching policies to address the COVID-19 pandemic in the United Kingdom," *PLOS ONE* (2021), 16(1), e0245740.

[5] Altmann S., Milsom L., Zillessen H., Blasone R., Gerdon F., Bach R., et al., "Acceptability of App-Based Contact Tracing for COVID-19: Cross-Country Survey Study," *JMIR Mhealth Uhealth* (2020), 8(8), e19857.

[6] Childress J. F., "Chapter 2 Moral Considerations: Bases and Limits for Public Health Interventions," Bernheim R. G., Childress J. F., Bonnie R.

J., Melnick A. L., *Essentials of Public Health Ethics*(Burlington: Jones & Bartlett Learning, 2015).

[7] 전상현, 「개인정보자기결정권의 헌법상 근거와 보호영역」, 《저스티스》(2018), 169, 5~36쪽.

[8] 노현숙, 「개인정보자기결정권에 관한 검토」, 《헌법논총》(2019), 30, 109~140쪽.

보론

다시 일상으로 돌아가려면

[1] 「코로나 검사·치료체계 '대전환'… 현장 "병원 내 감염 위험 우려"」, 《뉴스1》(2022. 3. 11), https://www.donga.com/news/Society/article/all/20220311/112284455/1

[2] 이형기 외, 『K-방역은 없다』(골든타임, 2021).

[3] 「작년 자영업자 '코로나 피해' 11조… 1인당 年매출 1066만원 감소」, 《동아일보》(2021. 9. 4), https://www.donga.com/news/Economy/article/all/20210914/109239775/1

[4] 「거리두기 강화에 거리로 나선 자영업자… 집단시위 강행」, 《BBC 코리아》(2021. 12. 22), https://www.bbc.com/korean/news-59751653

[5] 중소벤처기업부, 「27일부터 '소상공인 방역지원금' 지급… 320만명에 100만원씩」, 대한민국 정책브리핑(2021. 12. 23), https://www.korea.kr/news/policyNewsView.do?newsId=148897206

[6] 「[목멱칼럼] 자영업 푸대접하는 재난지원금」, 《이데일리》(2021. 8. 11), https://www.edaily.co.kr/news/read?newsId=01246406629146336&mediaCodeNo=257

[7] 「[사설] '소비 진작 예산' 코로나 피해 자영업자 지원으로 돌려라」, 《서울경제》(2021. 7. 12), https://www.sedaily.com/NewsVIew/22OVRP9SOL

[8] Lippert-Rasmussen K., #Luck Egalitarianism#(London: Bloomsbury,

2015).

[9] 「부스터 샷, 정말 필요할까? 입장 다른 화이자·AZ」, 《조선일보》(2021. 9. 15), https://health.chosun.com/site/data/html_dir/2021/09/15/2021091500737.html

[10] 「[종합] 국민 10명 중 7명 백신 접종완료… 11월 위드코로나 전환」, 《파이낸셜뉴스》(2021. 10. 23), https://www.fnnews.com/news/202110231604274306

[11] 「[팩트체크] 코로나 사망자 중 접종자가 과반이어서 백신 효과 없다?」, 《연합뉴스》(2021. 12. 17), https://www.yna.co.kr/view/AKR20211217133000502

[12] 「"코로나19 걸렸는데, 치료 받을 곳이 없다면?" 병상 부족 '현실로'」, 《의협신문》(2021. 8. 27), https://www.doctorsnews.co.kr/news/articleView.html?idxno=140762

[13] 「되풀이 되는 코로나 치료 병상 부족…병원계 한숨만」, 《메디칼업저버》(2021. 8. 12), http://www.monews.co.kr/news/articleView.html?idxno=306314

[14] 「서울 중환자실 가동률 75.4%… '비상계획' 기준 넘어」, 《동아일보》(2021. 11. 13), https://www.donga.com/news/Society/article/all/20211113/110223923/1

[15] 「호흡기 달고 있는데…확진 20일 됐으니 중환자실 비우라네요」, 《중앙일보》(2021. 12. 22), https://www.joongang.co.kr/article/25034591#home

[16] 「김윤 교수 "일부 전문가, 코로나 중환자 진료 무책임한 발언 하지 마라"」, 《메디게이트뉴스》(2021. 12. 9), http://medigatenews.com/news/2219669199

[17] 「"코로나로 '장애어린이 재활병원' 직격탄, 정부 관심 절실하다"」, 《한겨레》(2021. 12. 1), https://www.hani.co.kr/arti/society/rights/1021484.html

[18] 「포스트 코로나 시대 공공의료 확대 방향은?」, 《청년의사》(2021. 9. 23), https://www.docdocdoc.co.kr/news/articleView.html?idxno=2014724

[19] 「"정부 오미크론 대응 진료체계 코로나 이전방식으로 전환해야"」, 《동아사이언스》(2022. 3. 11), https://www.dongascience.com/news.php?idx=52906

나가며
우리 모두의 건강을 위해

[1] 신정우, 김혜인, 김희년, 「우리나라 국민의 건강 수준에 대한 인식, 과연 OECD 국가에 비해 크게 부정적인가」, 한국보건사회연구원(2020. 8. 26), https://repository.kihasa.re.kr/handle/201002/36040

[2] 바버라 에런라이크, 조영 옮김, 『건강의 배신』(부키, 2019).

우리 다시 건강해지려면

정의로운 건강을 위한 의료윤리학의 질문들

1판 1쇄 찍음 2022년 4월 13일
1판 1쇄 펴냄 2022년 4월 20일

지은이 김준혁

편집 최예원 조은 조준태
미술 김낙훈 한나은 이민지
전자책 이미화
마케팅 정대용 허진호 김채훈 홍수현
　　　이지원 이지혜 이호정
홍보 이시윤 박그림
저작권 남유선 김다정 송지영
제작 임지헌 김한수 임수아 권혁진
관리 박경희 김도희 김지현

펴낸이 박상준
펴낸곳 반비

출판등록 1997. 3. 24.(제16-1444호)
(06027) 서울시 강남구 도산대로1길 62
강남출판문화센터
대표전화 515-2000, 팩시밀리 515-2007
편집부 517-4263, 팩시밀리 514-2329

글 ⓒ 김준혁,
2022. Printed in Seoul, Korea.

ISBN 979-11-92107-86-8 (03300)

반비는 민음사출판그룹의
인문·교양 브랜드입니다.

만든 사람들
책임편집 조은
디자인 이지선

도판 출처　26쪽　內務省衛生局 編集, 『現代語訳 流行性感冒』(平凡社, 2021).
　　　　　42쪽　Scribner B. H., "Medical Dilemmas: The Old Is New," *Nature Medicine*(2002).
　　　　　141쪽　Wikimedia Commons